成 瘾

如何设计让人上瘾的产品、品牌和观念

（第2版）

程志良 著

为什么同样的东西已经拥有了,却还想要?
为什么相似的东西,想要这个不想要那个?
为什么想要那些可有可无的东西?
是什么激起了用户想要的冲动,非要不可?
未来的商业是争夺大脑资源的商业!

为破解在人们看似不假思索的需求背后,大脑有怎样的运行机制,本书将深入分析大脑会对什么东西上瘾,并最终揭晓人们是如何成瘾的,让用户对你的产品、品牌或观念产生认同,为企业打造超级品牌提供新思路,为产品营销开启新境界。

图书在版编目(CIP)数据

成瘾:如何设计让人上瘾的产品、品牌和观念 / 程志良著. —2 版. —北京:机械工业出版社,2019.8(2025.5 重印)
ISBN 978-7-111-63500-0

Ⅰ. ①成… Ⅱ. ①程… Ⅲ. ①产品营销 Ⅳ. ① F713.50

中国版本图书馆 CIP 数据核字(2019)第 172424 号

机械工业出版社(北京市百万庄大街 22 号 邮政编码 100037)
策划编辑:胡嘉兴　　责任编辑:胡嘉兴
责任校对:李　伟　　责任印制:邓　博
北京盛通数码印刷有限公司印刷
2025 年 5 月第 2 版第 5 次印刷
145mm×210mm ・9 印张 ・3 插页 ・166 千字
标准书号:ISBN 978-7-111-63500-0
定价:59.00 元

电话服务　　　　　　　　　网络服务
客服电话:010-88361066　　机 工 官 网:www.cmpbook.com
　　　　　010-88379833　　机 工 官 博:weibo.com/cmp1952
　　　　　010-68326294　　金 书 网:www.golden-book.com
封底无防伪标均为盗版　　　机工教育服务网:www.cmpedu.com

前 言
PREFACE

"我为什么要读这本书?这本书对我有什么用?它能让我发生什么样的改变?"这也许是每个人在看到这本书的时候大脑做出的第一反应,大脑需要一个看这本书的理由。

在回答这个问题之前,请你先思考一下,你是不是正在独自面对以下问题:写文案没思路?广告创意太俗套?营销活动效果甚微?产品竞争力无法突围?品牌效应彰显不出?战略布局犹豫不决?激励员工只靠加薪?人际沟通情商不够?维护客户服务欠佳……

不管你遇到的是什么问题,看似这些问题纷繁复杂,但只要它的目标对象是人,就都属于一个问题,那就是你无法操控他人

成瘾
如何设计让人上瘾的产品、品牌和观念

的感觉，左右他人的行为。有了这本书，你就可以让自己游刃有余地解决这些问题，成为职场中独当一面的人才。如果说你没有这个"野心"，那你也需要看这本书，因为你需要通过这本书的知识来"看住"自己的脑袋，不要再任由他人操控你的感觉，影响你的行为。

成瘾是对大脑深控的标志。强迫地依赖、忘我地痴迷、欲罢不能地想要都是成瘾者的行为状态。可以说，面对"瘾品"，成瘾者的大脑处于一种几乎失控的状态。之所以失控，是因为大脑完全被"瘾品"操控了，失去了理智。那么，问题来了，"瘾品"是如何做到这一点的呢？这就是本书要研究的内容，通过揭开"瘾品"控制大脑的机制，教会你如何用"瘾品"对大脑实施控制，你可以在文案、创意、产品设计、运营、品牌打造等工作中运用，以此实现对用户大脑的深层影响，你也可以用于自身，提升自控力。

本书主要分为三大核心模块。

第一部分中，你需要重新认识自己所做的工作，你所做的一切都是在打造一种"感觉"。你要想与用户的大脑进行沟通，只有一种语言可以办到，那就是感觉，大脑只懂感觉这一种语言，能影响大脑的以及大脑中能产生的也只有感觉。换句话说，我们所有的目的都是为了启动用户大脑中的某种感觉，从而影响大脑

前　言

的决策和行为。让大脑上瘾的是一种美好的感觉，成瘾是人们为了不断获得美好的感觉，才失去理智地想要重复的过程。在这一部分，你将学会如何打造一种让大脑上瘾的感觉，如何在品牌和产品中注入"大脑追踪感觉目标"的三大模式。

第二部分中，我将和大家分享瘾品化必须具备的三大要素，它们分别是自我情感、自我意志和自我连接。一旦一个品牌和产品中注入了这三大要素，就具备让大脑痴迷的条件，也就成了人们迷恋的"瘾品"。在这一部分，你将学会如何在品牌和产品中注入这三大必备要素，来提升品牌和产品的"瘾力"。

第三部分中，我将介绍刺激大脑产生某种美好感觉的工具——"瘾品"，这个工具需要具备可操作性和可重复性。苹果、星巴克等这些品牌都是启动用户大脑中美好感觉的工具，用户可以通过使用和消费这些品牌，来重复获得这种美好的感觉。在这一部分，你将学会如何让品牌和产品具有开关的刺激功能，如何让品牌和产品与用户大脑中的美好感觉建立连接并实现对美好感觉的操控。

瘾品化思维是深控大脑的一种思维技术，也是打造能重复启动大脑中某种美好感觉的工具，它可以让你从更深层、更独特的角度理解你所面对的问题，从而高效精准地解决这些问题。

成瘾
如何设计让人上瘾的产品、品牌和观念

《成瘾：如何设计让人上瘾的产品、品牌和观念》这本书的问世，要感谢那些在这一领域做出研究和贡献的心理学家和神经学家，比如美国的认知神经科学家迈克尔·加扎尼加、马修·利伯曼，神经学家大卫·林登、马克·亚科博尼，神经生理学家贾科莫·里佐拉蒂，社会神经学家比尔·凯利、托德·海瑟顿和尼尔·麦克雷等。在这里，我对本书涉及的所有心理学家、神经科学家、社会学家、品牌营销大师，表示深深的敬意。同时，这本书上市后广受读者好评，我翻阅了读者在网络上发表的几万条评论，通过将这些反馈建议归纳整理，对原有内容做了系统全面的梳理，增加了不少更具操作性的案例。

《成瘾：如何设计让人上瘾的产品、品牌和观念（第2版）》会带你从一个全新的角度去认识和理解瘾品化思维，读过本书第1版的读者，再读新版会有更多新的收获，本书不仅适合品牌、产品经理、营销人员、企业管理人员阅读，同时也适合其他所有对此话题感兴趣的人阅读。

希望本书对你设计让人上瘾的品牌、产品和理念起到抛砖引玉的效果。同时，也希望通过书中介绍的瘾品化思维技术，让你自由地"进出"他人的大脑，从而让你真正做到，看什么事情都能一针见血，做什么事情都能直达本质。

目 录
CONTENTS

前言

第一部分　成瘾：大脑在追踪一种感觉

第一章　上瘾是一种感觉　　　　　　　　　　003

1. 上瘾是为了重复获得一种感觉　　　　　　003
2. 被感觉绑架的大脑　　　　　　　　　　　009

第二章　大脑如何锁定感觉目标　　　　　　　015

1. 第一步：建立关联　　　　　　　　　　　015
2. 第二步：正、负强化　　　　　　　　　　021
3. 第三步：及时反馈　　　　　　　　　　　024
4. 第四步：自我化　　　　　　　　　　　　028

5. 瘾品是一种超越事实的存在　　　　　　　　　034

第三章　大脑如何追踪感觉目标　　　　　041

1. 感觉良好，再来一次　　　　　　　　　　041
2. 就差一点，再来一次　　　　　　　　　　049
3. 可能更好，再来一次　　　　　　　　　　059

第二部分　瘾品化的三要素

第四章　迷恋始于"情感"　　　　　　　　067

1. 定海神针——立在大脑深处的自我情感　　067
2. 定海神针——让瘾品住进用户的大脑　　　071
3. 定海神针——近在咫尺的美好　　　　　　076
4. 成为"造神者"——人们认不出事实，只能认出情感　081
5. 成为"造神者"——瘾品是情感化的形象　　084
6. 七十二变——让情感一以贯之　　　　　　087
7. 七十二变——打造易感的线索　　　　　　094
8. 成瘾是超越竞争的品牌逻辑　　　　　　　099

第五章　瘾力源自"意志"　　　　　　　　101

1. 想要而不是真正喜欢　　　　　　　　　　101
2. 赐予你力量的多巴胺　　　　　　　　　　105
3. 自我掌控的意志是一剂瘾药　　　　　　　108
4. 自我实现的意志是又一剂瘾药　　　　　　113

5. 把大脑忽悠"傻"的两姐妹　　　　　　　　　119
6. 彻底让大脑失控的瘾力配方　　　　　　　　122
7. 唤起意志的方法之一——制造想象空间　　　126
8. 唤起意志的方法之二——利用镜像系统启动意志　140

第六章　渴望来自"连接"　　　　　　　　149

1. 温暖比牛奶更重要　　　　　　　　　　　　149
2. 连接——为了那醉人的甜蜜　　　　　　　　154
3. 失连——让用户感觉到毁灭性的痛　　　　　159
4. 暗连——让用户感觉是美好的存在　　　　　164
5. 超连——寻求更美好的自我感觉　　　　　　168
6. 不能抛开他人而成瘾　　　　　　　　　　　173

第三部分　瘾品就是自我刺激的开关

第七章　谁是大脑真正的主人　　　　　　　181

1. 如何让一个想法变得可操作　　　　　　　　181
2. "我"真实存在大脑中　　　　　　　　　　　188
3. 谁在为你做主　　　　　　　　　　　　　　191

第八章　关闭——瘾品是他人摆脱匮乏的渠道　197

1. 欲望的黑洞：匮乏感　　　　　　　　　　　197
2. 一切都是为了逃离真实的自己　　　　　　　201
3. 人们被哪些恐惧的幻象追着疯跑　　　　　　207

4. 制造区别，就制造了恐惧和匮乏感　　209
5. 否定掉，就渴望逃掉　　214

第九章　开启——瘾品是实现美好的工具　　221

1. 一切为了美好　　221
2. 摧毁一切美好的更大、更好、更多　　226
3. 人们追着哪些美好的执念狂奔　　230
4. 发生关系，就是美好　　233
5. 开启美好感的三种方法　　238

第十章　开关之间是不停地想要　　243

1. 开关之间在制造冲突　　243
2. 化解冲突的捷径——自我表达　　248
3. 感到用力，才会更有价值　　251
4. 成为着力点，就是瘾品　　255
5. 自我反馈——瘾品的终极目标　　260
6. 自我反馈——避免瘾力抵消　　263
7. 自我反馈——瘾品是一种高于自我的存在　　268
8. 打造瘾品必须铭记的原则　　270

第一部分

成瘾：大脑在追踪一种感觉

第一章
上瘾是一种感觉

1. 上瘾是为了重复获得一种感觉

无论你是想打造爆款产品还是百年品牌,如果没有掌握"瘾品化思维",便都是空谈,因为你可能根本不知道自己在做什么。

其实,无论是打造一部手机、一杯咖啡、一双鞋子还是一款App,都有一个终极目标,那就是让用户欲罢不能地迷恋和依

成瘾
如何设计让人上瘾的产品、品牌和观念

赖,通俗地说,就是成瘾。其实,成瘾也是现代商业发展的终极目标。很多国际大品牌,如苹果、星巴克、可口可乐等,都是瘾品化思维的受益者。

但是,这里存在一个尴尬的问题,就是大部分品牌都不愿承认自己在品牌中运用了成瘾模式,比如苹果的相关负责人在接受媒体采访的时候,被问到是否在产品的打造中运用了成瘾模式,他们坚决地否定了这一点。他们真的没有在产品中运用瘾品化思维吗?看看用户对苹果产品的痴迷,大家就会明白了。

为什么会这样呢?这都是因为在人们看来成瘾带有入侵性和控制性,可能存在一些道德上的问题。其实,通过我对成瘾行为多年的深入研究发现,人们大可不必有这样的畏惧心理。人们之所以会有成瘾的行为,是大脑进化的结果,是为了让人更加专注和沉迷于一件事情,因为只有专注才能把一件事情做到极致。这就是所谓的不疯魔,不成活。要想专注于一件事情,必须让大脑成瘾。其实成瘾行为对人来说是一种有益的行为。

大家来思考一下,你在用苹果手机、喝可口可乐和星巴克咖啡的时候,你感觉怎样,是不是很幸福,感觉一切都变得美好了,的确是这样的。只要不是来自毒品、赌博、烟酒等对人们身体有明显负面作用的东西,成瘾对人们来说是存在积极正面意义

第一部分
成瘾：大脑在追踪一种感觉

的，我们大可不必谈"瘾"色变。更何况，真正能在品牌和产品中制造出"瘾力"的人寥寥无几，这并不是一般的产品经理、品牌营销人员能做得到的。

接下来，请你试着回答一个问题。一个文案、一个运营、一个产品经理、一个品牌营销……你在做的是什么？也可以说你在打造的是什么？需求、产品、服务、体验、客户。这些都不准确。在这里我先不急于告诉你答案，你可以通过阅读下面文章来思考一下这个问题。因为如果你不能深刻地理解这一点，即便你能做出点成绩也是昙花一现，更无法做出让人们上瘾的品牌和产品。不过，只要你掌握了瘾品化思维，你就能回答这个问题。你也会完成从一般到非凡的转变。

说到成瘾，总会让人有种极致和疯魔的感觉。接下来的内容也许会让你感到不可思议。对大多数人来说，有一种情景是永远无法想象的。那就是，在你的颅骨上钻一个洞，把一个带有电线的电极插进你的脑袋，埋在你的大脑里，按动电线另一端控制电流的开关，向你的大脑里释放电流。你能想象接通电流后自己会怎样吗？是惨叫、抽搐还是昏迷？这些都不是。你无法想象到底会发生什么情况。即便告诉你这种电流刺激是微弱的，不会对你造成伤害，恐怕你也不会想在自己的脑袋上进行这样的尝试。神经学家们进行了无数次以上这种形式的实验。结果发现，电极刺

成瘾
如何设计让人上瘾的产品、品牌和观念

激大脑的不同脑区,会唤起人们不同的感觉。就比如刺激大脑的视觉皮层,就会有图像和画面进入人们的意识。刺激人们的听觉皮层就会有声音进入人们的意识。同样地,刺激大脑中的愉悦脑区,人们也会体验到快乐、愉悦、幸福的感觉。正是这样的研究让神经学家们找到了大脑中的成瘾脑区。

罗伯特·盖伯瑞斯·希斯博士,是新奥尔良杜兰大学的神经病学家。他在1949—1980年期间,主要从事对精神病人的大脑进行电击刺激来治疗精神病的研究。他在这方面的研究取得了非常显著的效果,特别是对大脑的成瘾机制贡献非常大。他发现了能够唤起人们愉悦感的脑区。他的发现意味着,人们所体验到的快乐的、幸福的感觉是可以通过刺激大脑的脑区获得的。但是,他的这项研究引来了各种争议,也受到了一些道德上的谴责。大家来看一个他的治疗案例,就会明白为什么会引发各种争议了。

他曾治疗过一个患有抑郁症和强迫症的男同性恋病人。研究人员为了让患者变成异性恋,在他大脑中九个不同的区域安装了九个电极,与脑外的刺激"开关"连接。一开始,希斯博士依次对病人大脑中的九个区域进行电流刺激,但只有位于大脑中隔的电极能够引发愉悦感。后来,当研究人员把刺激中隔脑区的开关交到病人手中的时候,不可思议的事情发生了,病人居然不停地快速按压开关,而且还好像感觉力度不够似的非常用力地按压。

第一部分
成瘾：大脑在追踪一种感觉

这种状态有点像沉迷在游戏里的人疯狂敲击键盘的样子。出现这样的状况，是因为按压这个部位的刺激开关，让患者获得了强烈的兴奋感和快感。由于患者沉迷于按压刺激开关，最后，研究人员不得不强制把刺激开关从患者的手中夺走。但是，患者依旧想方设法地要把刺激开关拿回去。接下来经过一系列治疗，患者渐渐对异性产生了兴趣，但这不是本书关注的重点。本书关注的是，电击刺激到了大脑中控制人们什么感觉的部位，让他如此痴迷地按压开关。

在另外一项类似的研究中，我们看到了如果任由患者按压开关，她将变成什么样子。研究人员为了减轻一位患有某种慢性疼痛病的女患者的疼痛，就采用了和以上相似的治疗技术。研究人员在她的丘脑位置植入电极，电极也与脑外的刺激器连接。当感觉疼痛的时候，她可以按压刺激器，释放电流刺激该区域缓解疼痛。结果发现，患者一整天都沉迷于按压刺激器，完全不顾及个人形象，既不洗脸也不刷牙，整天蓬头垢面、不修边幅，家里变得又脏又乱也不去收拾，甚至连自己的老公和孩子也无暇顾及。患者为了获得更大的刺激强度，常常会很用力地按压刺激器。更加恐怖的是，由于长时间按压刺激器，她的指尖已经出现了溃烂。但即便是这样，她也无法让自己停止。有时候她无法控制自己停止按压刺激器，便请求家人把它拿走，以便阻止自己继续按

成瘾
如何设计让人上瘾的产品、品牌和观念

压。但是过不了多久,她便哀求家人把刺激器还给她。

我看到这两个实验的时候,想到了一部关于贩毒的电影——《门徒》。电影中的女主角阿芬是个吸毒成瘾者。由于吸毒成瘾,她整个人瘦骨嶙峋、憔悴不堪。她带着自己四五岁的女儿住在一个又脏又乱的小屋里。她蓬头垢面、不修边幅,毒瘾一上来,从来不顾及自己的女儿。小女孩总是饿得捡地上的东西吃。在上面两个实验中,患者按开关时痴迷的样子,以及对其他事情的不管不顾,倒是和吸毒上瘾有些相像。如果不是在实验中可以制止他们,那他们是不是也会像吸毒的阿芬一样变得瘦骨嶙峋呢?

把上面两个实验中患者的状态,与那些吸毒成瘾的人的状态相对照,你会想到什么呢?那就是患者刺激的脑区有可能是成瘾脑区。的确,研究发现上面两个实验中,电流刺激激活的是让人成瘾的脑区——奖赏/愉悦回路。实验中用电流进行刺激的,分别是两名患者大脑的中隔和丘脑,同时也激活了内侧前脑束愉悦回路。这个脑区的激活是人们上瘾的根本所在。人们无论是对购物、品牌消费、赌博还是对享受美食、玩游戏、性爱、运动、喝酒、吸毒等行为上瘾,基本上都是因为这些行为激活了大脑中的内侧前脑束愉悦回路的神经元。大量的研究表明,所有这些成瘾行为,都与内侧前脑束的愉悦回路的激活和改变有关系。这个脑区的激活能让人们体验到强烈的愉悦感和欣快感。

第一部分
成瘾：大脑在追踪一种感觉

从上面的研究可以发现，人们可以直接用电击刺激大脑，来激活奖赏/愉悦回路，同时，它也可以被间接刺激物（如烟草、酒精、美食等）所激活，同样它还可以被本书要阐述的消费产品和品牌激活。激活的愉悦回路会让人们体验到愉悦、幸福、欣快的美好感觉。大家从以上的实验也发现了，正是患者追求愉悦的欣快感使其产生了欲罢不能的重复行为。其实，成瘾模式研究的就是如何把产品和品牌打造成能够启动人们大脑中愉悦回路的"开关"，让人们可以通过按动开关来重复获得美好的感觉。美好、美妙的感觉才是人们对品牌和产品上瘾的核心所在。现在你明白你要打造的是什么了吗？是感觉。

2. 被感觉绑架的大脑

大脑的奖赏系统第一次被发现，是在 20 世纪 50 年代初期。美国的科学家詹姆斯·奥尔兹与皮特·米尔纳做了一系列的实验。他们在老鼠大脑中的不同位置植入电极，将连接电极的电线另一端连接在笼子里面的踏板上。他们想通过这种方式，来确定大脑奖赏回路的分布状况，以及具体位置。起初，老鼠在笼子里乱跑的时候无意碰到了踏板，但是不久它就学会了重复踩踏踏板。有时候，老鼠会非常专注地踩踏踏板，甚至对食物和水都不感兴趣，直到筋疲力尽才会停下来。但是它并不会就此罢休，休息一

成瘾
如何设计让人上瘾的产品、品牌和观念

会儿后又会继续踩踏。老鼠这样的行为，让研究人员很是兴奋。他们感觉发现了大脑中负责奖赏和愉悦的区域。

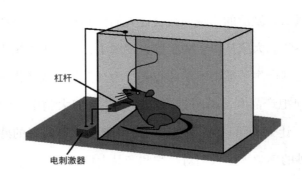

在奥尔兹和米尔纳两个人发现这一现象的 10 年中，他们在老鼠的大脑中，寻找能够引起老鼠自我刺激的点位，以此来确定大脑奖赏／愉悦回路的具体位置。结果他们发现，刺激大脑外部的皮层并不会产生奖赏，老鼠不会持续踩踏踏板。与奖赏／愉悦有关的区域全部集中在大脑底部的中间位置，而且这些区域不只有一个，而是一些互相连接的脑区组成了奖赏／愉悦回路。它们其中包括中脑腹侧被盖区、内侧前脑束、伏隔核、中隔、丘脑和下丘脑。这些区域产生的愉悦刺激，程度各不相同。

在对这些脑区的实验中，他们发现刺激内侧前脑束愉悦回路的脑区，老鼠居然可以不吃也不喝，一次又一次不停地按压踏板，一个小时内按压次数达到了 7 000 次。按压踏板带来的快感，

第一部分
成瘾：大脑在追踪一种感觉

甚至让雄鼠对边上发情的雌鼠失去兴趣。如果是雌鼠在按压踏板，还会放弃照顾自己新生的幼鼠。有的老鼠甚至按压踏板直到衰弱死亡。而刺激另外那些区域，却只能引发每小时200次的按压。这就是内侧前脑束愉悦回路的魅力所在。

老鼠沉迷于不停地自我刺激，是因为刺激激活了大脑中的细胞，使其释放了一种能让它感到愉悦的神经递质——多巴胺。老鼠踩压踏板，向大脑放电，就是激活了大脑中的神经元释放多巴胺，从而感到强烈的愉悦感。当人们的大脑获得奖赏/愉悦的时候，会激活大脑不同的脑区，释放多巴胺。现在应该明白了吧，人们任何强迫性、依赖性的行为，都是为了刺激大脑释放这种化学物质。

大脑处理任何微小的信息，都需要数百万的神经细胞参与其中。所以，我们体验到的任何程度的愉悦感，都不是几个神经细胞决定的，它有一个非常复杂的运作机制。多巴胺的运作机制也十分复杂，下面简单地描述一下它的运作方式。大脑神经元里储存着一种叫多巴胺的神经递质。当含有多巴胺的神经元被激活时，这些多巴胺就被释放出来，然后与另一种目标神经元的多巴胺受体结合。简单地理解，就是多巴胺与另一个细胞结合，多巴胺和受体结合后，人们就能产生愉悦的感觉。

成瘾
如何设计让人上瘾的产品、品牌和观念

这种愉悦感通常是短暂的。因为多巴胺与受体的结合不是永久的,过一会儿这些多巴胺就会自己脱落下来,再被神经元吸收回去,此时快感也会随之消失。多巴胺被吸收回去,是为了等下次受到刺激时再次释放,重新完成上面的步骤,来让人们再次体验到愉悦的感觉。这就好比在过年的时候,人们听到屋外的鞭炮声(神经元被激活),纷纷走出家门(释放多巴胺),走亲访友,和他人握手拥抱(与受体结合)。与他人拜年、交谈、握手拥抱时,你感到了温暖快乐的感觉。但是,欢聚之后大家都还是要各自回到自己的家里,这时那种温暖快乐的感觉便没有了,然后等着下一次和亲戚朋友相聚。

对大脑来说,让人们成瘾的是多巴胺,而对人们的感知和意识来说,让人们成瘾的是一种感觉。人们体验到的愉悦感觉是一种来了又去的状态,所以,要想维持这种感觉就需要反复地通过刺激来实现。正是因为感觉具有来了又去的特性——适应性,才有了人们重复的行为。而人们成瘾就是为了重复体验到自己想要的感觉,也可以说成瘾的人们是被一种感觉绑架了。

人们的感觉一般分为两种:一种是感官和躯体的感觉,比如味觉、痛觉、触觉、视觉、听觉等;另一种是围绕"我"的一种感觉,比如成就感、价值感、进步感、孤独感等。这两种感觉是互相影响的。感官和躯体的感觉会影响关于"我"的感觉,反过

第一部分
成瘾：大脑在追踪一种感觉

来"我"的感觉也能影响感官和躯体的感觉。比如，人们喝可口可乐一方面是追求一种刺激的口感，同时也在追求一种活力和青春的自我存在感。反过来讲，人们为了追求活力和青春的自我存在感，消费者会去体验可口可乐带给自己的感官刺激。但是，人们在一般情况下先产生感官体验，再通过感官体验获得自我体验。不过，一旦品牌和产品成为瘾品，这种关系就会反过来，变成自我体验影响感官体验。比如可口可乐成为一个让人们迷恋的品牌后，人们感觉喝可口可乐是一种年轻的象征，这样的信念产生后，接下来当别人把其他的可乐装进可口可乐瓶子，拿给你喝的时候，这时你也会感觉杯子里的可乐很好喝，这就是自我感觉影响了口感。

瘾品化思维就是教你打造能启动大脑中某种美好感觉的工具，让人们上瘾的产品和品牌以及理念就是启动人们大脑中美好感觉的工具。就像苹果、星巴克等这些品牌都是启动用户大脑中美好感觉的工具，用户可以通过使用和消费这些品牌，来启动和重复获得这种美好的感觉。

第二章
大脑如何锁定感觉目标

1. 第一步：建立关联

既然成瘾是大脑在重复获得一种感觉，那么大脑是通过什么方式锁定一种感觉的呢？首先需要大脑在行为与感觉之间建立一种关系——行为等于愉悦感。做某种行为就可以获得某种感觉，那么这种行为就会成为一个感觉目标。之所以叫感觉目标是因为做某个行为不是目的，行为背后的感觉才是目的。任何事物都可以成为感觉目标，比如产品、品牌符号、行为、图案等。

成瘾
如何设计让人上瘾的产品、品牌和观念

皮特·米尔纳和詹姆斯·奥尔兹，在老鼠大脑的奖赏区域植入电极，电线的另一端连接一个控制电流刺激的开关。他们通过控制开关，向老鼠的大脑释放电流刺激，从而让老鼠体验到快感，以此来观察老鼠的反应。

他们把老鼠关进一个长方形的箱子里，老鼠可以在里面随便乱跑。这个箱子和别的箱子有点不太一样。箱子的底部被分成四个部分，分别用A、B、C、D四个字母做了标记。当老鼠跑到A区的位置时，研究人员会马上按动开关，对老鼠的大脑进行电流刺激。这样反复操作几次后，他们惊奇地发现，老鼠会不断地跑到A区接受电击，而且也更愿意待在A区，就好像这个地方有什么独特的魅力在吸引着它。

由于老鼠大部分时间都待在A区接受电击，研究人员就想能不能让老鼠喜欢上B区呢？于是他们就试着诱惑老鼠离开。他们在老鼠离开A区、向B区挪动一点的时候，就对老鼠进行电击。结果，老鼠在不到五分钟的时间里就喜欢上了B区。研究人员通过一系列实验发现，只要及时对老鼠进行电击，老鼠就会喜欢上箱子的任何一个角落。他们首先采用上面的方式，用短暂的电击把老鼠吸引到目标位置，然后再施加电击刺激。最后，他们想让老鼠喜欢上哪个区域，它就会喜欢上哪个区域。老鼠之所以喜欢某个区域，是通过刺激让老鼠在大脑中在区域与愉悦感

第一部分
成瘾：大脑在追踪一种感觉

之间建立了关联——认为停留在某个区域的行为与体验到的愉悦感有关系。这就是老鼠锁定一个感觉目标的第一步——让大脑在行为与感觉之间建立关系。

设想一下，如果把 A、B、C、D 这四个区域分别换成奔驰、星巴克、苹果、耐克的标志。你要想让老鼠对某个品牌上瘾，只需要趁老鼠停在那个标志前时，对它进行电击就可以了。接下来老鼠就会很喜欢这个品牌，对这个品牌产生依赖感。人们对某个品牌成瘾的机制，与老鼠对某个区域成瘾的机制是一样的。只不过不是直接在人的大脑中植入电极，对人进行电击，而是把电极换成人类这种社会性动物使用的一种共同语言——意义和情感。就比如奔驰的标志三叉星，象征着陆上、水上、空中的机械化。梅赛德斯-奔驰中的"梅赛德斯"是幸福的意思，意味着奔驰车将为车主们带来幸福的生活。这种带有意义和情感的符号就是感觉符号。感觉符号也是一种感觉目标，它与某种正面的情感紧密相关。品牌中携带的正面情感就是与电击类似的刺激物。打造品牌就是在打造感觉符号，让这个符号与某种人们渴望的感觉相关联。

成瘾首先是事物与大脑中的感觉建立了一种关系。那么，这种关系是如何建立起来的呢？

成瘾
如何设计让人上瘾的产品、品牌和观念

美国的心理学家桑代克,在 19 世纪末 20 世纪初做过大量的动物实验,其中有一个很著名的实验。桑代克为实验精心设计了一个笼子,并把它叫作迷笼。他把饥饿的猫关进笼子里,在笼子的外面放上猫爱吃的鱼。饥饿的猫想要吃到鱼,就必须先把笼门打开。最初,猫在笼里只是乱咬、乱抓、乱摇,行为完全没有头绪,它根本不知道该如何打开笼门。猫在不断尝试中偶然触动了笼门的开关,打开了笼门,吃到了鱼。在后来的反复实验中,猫混乱的动作随着尝试次数的增多而逐渐减少了。最后猫一进到笼子里就去触动开关,一下子就吃到了鱼。桑代克认为,动物学习的过程是一个不断尝试、不断犯错,最后获得成功的渐进的过程。通过尝试,猫产生了一个行为(触动开关)与奖赏(逃出去,吃到食物)之间的联结。

桑代克认为,学习就是刺激和反应之间的联结,学习的过程和结果就是为了形成一定的联结。他明确提出"学习即联结"。猫通过学习在开关(刺激)与打开笼门(反应)之间建立了一种因果关系的联结。这就像按下开关和灯亮了之间的关系。开关是刺激,灯亮了是反应。联结学习就是在刺激和反应之间,建立了一种因果关系的联结。因为学习结果是任意刺激与奖赏(食物)或惩罚(疼痛)之间的联结,所以叫联结学习。联结学习的目的是在事物之间建立联结。

第一部分
成瘾：大脑在追踪一种感觉

在学习中，大脑将相关的环境线索与实际的快感联系起来，形成奖赏记忆。在老鼠的试验中，老鼠会把自己按压踏板或受到电击的行为，与获得的快感联系起来，形成奖赏记忆。奖赏记忆让老鼠在刺激与愉悦感之间建立了联结。对人类来说也是一样的，当我们体验到愉悦感时，一般会从外在寻找引发愉悦感的线索，记住这个线索，以备下次准确获得想要的快感。人们在喝咖啡的时候，会体验到愉悦和头脑清醒的良好感觉。那么咖啡就是刺激物，愉悦、清醒的感觉就是反应。这让人们把咖啡和引发的愉悦感联系起来，形成了奖赏记忆（联想记忆）。人们想到咖啡，就想到头脑清醒、才思泉涌的良好感觉。因此人们学会了让自己获得愉悦感的方法——咖啡等于愉悦感。能与愉悦感建立联结的，不单单是实物，比如药物、食物、烟酒之类，还可以是情景，甚至是一些想法，比如信仰或信念。总之，人们可以将很多事情与愉悦感建立联结。

联结学习是人类认识这个世界的重要机制。通过这种学习机制，人能发现哪些行动会影响未来。学习的目的是确定哪些行为会产生愉悦的、有利的结果，比如喝咖啡能够让自己愉悦、清醒。

人类的学习行为与动物存在很大的差别，人类的学习是对这个世界进行情感化的过程。人类通过学习认识什么是好的、对

成瘾
如何设计让人上瘾的产品、品牌和观念

的、善的（奖赏），什么是坏的、恶的、错的（惩罚）。比如，人们通过尝试认为成熟的水果一般是黄色的或者红色的，而青涩的水果一般都不成熟，黑色的水果是腐烂的。这样的学习机制，让人们可以通过感官上的一些特点判断出事物的好坏。这样的学习结果让人们对黄色和红色带有了某种正面的情感，对青和黑带有了某种负面的情感。这就像在中国人的心中红色带有正面的情感——代表着喜庆、吉祥、热烈等。

对人们来说，学习的过程就是情感化的过程，结果就是把这个世界用好坏、对错、善恶的情感区分开来、对立起来。而学习在大脑中建立的根本关系就是情感关系。人类通过学习在事物之间建立一种情感联结。大脑建立情感联结的其中一个目的就是，将自身与这个世界的互动进行优化，减少在面对事物的时候思考和决策的努力，发现达到目标的捷径，让这个世界更好地为"我"所用。大脑中联结一旦形成，捷径就会形成，大脑也会停止思考，依赖脑中的信念——联结，做出反应。

人类通过学习在大脑中构建了一个情感化的世界。企业要找到那些在大脑看来带有正面情感的素材和元素，并将其运用到产品和品牌中。这样企业的品牌和产品就能带有正面的情感，在顾客大脑中就会形成一个积极正面的感觉目标。比如，在人们的大脑中红色蕴含着激情和活力的情感和意义。可口可乐产品设计和

第一部分
成瘾：大脑在追踪一种感觉

包装运用红色就是为了让品牌和产品与激情、活力的正面情感相联结。这样一来，可口可乐就成了一个带有这种正面情感的感觉目标。

行为、符号或者信息等与某种感觉建立关联后，形成一个感觉目标，这是大脑锁定一个感觉目标的第一步，这个感觉目标要想被人们死死地锁定，还需要进入人们的信念系统。比如只有感觉目标成为一种信念，人们才会相信奔驰这个品牌与幸福生活之间存在一种必然的因果关系，才会坚信只要拥有和使用与该品牌相关的产品，自己就会过上幸福和高品质的生活。但是，感觉目标要想进入人们的信念系统，必须同时具备两种功能，那就是正强化和负强化。这就是大脑锁定一个感觉目标的第二步——在大脑中强化感觉目标。

2. 第二步：正、负强化

人们通过学习，掌握了从经验中获益的方法，从而得到对自己有利的结果。当令人们满意的结果出现时，大脑中的奖赏/愉悦机制就会反应，从而使这个行为得到强化。从前面的实验中会发现，让老鼠愿意停留在某一个区域，需要在它到达这个区域的时候对其进行电击，这种电击就是对它停留在某个区域的行为的

成瘾
如何设计让人上瘾的产品、品牌和观念

强化。强化几次后它们才能在愉悦感与停留的区域之间建立联结。同样地，要想在品牌和奖赏／愉悦之间建立联结就需要进行强化。也就是说，成瘾的一部分原因是强化的结果。强化分为两种：一种是正强化，另一种是负强化。

正强化指的是在做出某种行为之后给予积极正面的反馈。通俗地理解就是，在做出某种行为之后总是有规律地体验到愉悦感、欣快感等正面的感觉。那么，在接下来的时间里这一行为将会变得频繁。就比如当你喝了一杯咖啡后，马上感觉神清气爽、效率变高，这就是正强化。老鼠到达某个区域后，马上受到电击体验到快感，也是正强化。当你穿着新衣服从试衣间走出来，销售员说你穿着这件衣服很漂亮、很合身，这也是正强化。正强化永远与有利的结果联系在一起。正强化永远伴随着正面的感觉。

另一种是负强化，是指一种减轻或消除厌恶性刺激的行为被强化。这就好比早上你还在呼呼大睡的时候，总是被屋外工地上的声音吵醒。为了避免这种噪声的干扰，你想方设法要把耳朵堵起来。后来你买到一种隔音效果很好的耳塞，于是你一听到噪声就马上戴上耳塞，噪声就消失了——塞耳塞就是负强化。负强化和惩罚不一样，惩罚是增加噪声，而负强化是减少噪声。在成瘾中负强化更多出现在戒断时。比如，你吸烟上瘾，戒断（停止吸烟）后会出现痛苦的感觉。这个时候你为了减轻痛苦，就会想尽

第一部分
成瘾:大脑在追踪一种感觉

办法找烟来吸,以减轻痛苦。

人们的大脑有预见的能力,能够预测到痛苦什么时候来临。所以很多时候并不是人们感受到了痛苦和厌恶后,才开始使用瘾品,而是在糟糕的状态来之前就开始使用瘾品了。就比如,人们并不是等困了才去喝咖啡,而是一早起床就先来一杯咖啡。因为人们能预测到困什么时候来,以及困来时的糟糕感觉,所以提前为消除这种糟糕的状态做了准备。这便是负强化,但是也有正强化的成分。所以很多时候这两者之间并不存在明显的界限。

在品牌成瘾中,一个人痴迷于一个品牌,其中既有正强化,也有负强化。这两种功能是同时存在的。就比如,一个人喜欢苹果手机,一方面可能是因为苹果手机的品质和时尚高端的定位,使用苹果手机让你感觉自己是一种高大上的存在,这就是正强化。另一方面可能是因为感觉其他品牌的手机不能彰显自己的身份,而苹果手机能够避免出现这种情况,这就是品牌中的负强化。

正强化(获得奖赏)驱使人们使用瘾品、消费瘾品;负强化促使人们借助对瘾品的消费,减轻痛苦和烦恼。一方面是获得快感,另一方面是减轻痛苦。无论是正强化还是负强化,目的都是追求愉悦感,所以正负强化在同一个框架里。因为抗拒而逃离,为了逃离而追求，因为追求而抗拒。瘾品化思维中一个重要的部分就是研究如何在品牌和产品中不断地导入强化功能。

3. 第三步：及时反馈

大脑是个高度追求效率的机器。要想让大脑死死地锁定一个感觉目标，单是让感觉目标得到强化是不够的，强化还必须遵循另外一个原则，就是及时得到反馈，也就是行为之后紧跟着效果的产生。比如你喝了可乐立刻就不渴了；你喝了红牛立刻就不困了，精力充沛了。这就是喝的行为立刻产生了效果。这种效果就是对你行为的反馈。

著名的心理学家巴甫洛夫用狗做过一系列的实验。虽然他的实验是在 100 年前进行的，但是他的发现对人类认识自身依旧意义重大。在实验中，他每次给狗喂食物之前，都会先打开红

第一部分
成瘾：大脑在追踪一种感觉

灯或者响起铃声。这样经过一段时间的训练后，铃声一响或红灯一亮，狗就开始分泌唾液。也就是狗通过学习，在红灯、铃声与食物之间建立了联结。但是，他同时也发现，在一种情况下学习联结是无法建立的。在这种情况下，他将铃声与食物结合了374次，狗仍然不能在两者之间建立联结。也就是说，狗在听到铃声后不会有分泌唾液的反应。原因是铃声总是在喂食后5~10分钟才出现。这就意味着只有当任意刺激预示着将有好事或者是有糟糕的事情发生时，才能激发人们的兴趣。如果刺激在重要事件之后才出现，一般情况下它将不能引起人们的兴趣。这是因为在这样的情况下，人们已经知道结果了。这些刺激并没有带给人们任何有用的或者是新的信息。这样的信息在人们看来是毫无意义的，所以不能引起人们的兴趣。

如果奖赏延迟，强化的作用就会下降。就像在前面的实验中，如果老鼠到达目标A区域后，没有及时获得奖励，而是过了一段时间才得到奖励，那么目标区域和奖赏之间的联结就无法建立。即便建立了联结，它的强度也很弱。这是因为通常情况下，原因和结果在时间上联系紧密。也就是，人们做了一些事，然后马上有了一个好的或坏的结果。行为结果的好坏，决定着人们是否重复该行为。这就是人们学习的结果。锁定感觉目标的一个要点，就是保证强化的及时性。如果不及时，联结就无法建

成瘾
如何设计让人上瘾的产品、品牌和观念

立。比如你喝了一罐红牛,没有及时得到提神的效果,你很有可能就不会再喝它了。

在强化与上瘾的关系中,强化的力度与及时性,对成瘾的影响是非常大的。研究者们训练一只饥饿的老鼠走一个简单的迷宫。这个迷宫中有两条通道,在第一条通道的终点,老鼠将获得一小块食物;而在第二条通道的终点,老鼠将获得一大堆食物。但是,这一大堆食物会在老鼠到达终点后等待一段时间才给它。看到这里,你认为老鼠更青睐哪一条通道呢?选择第二条通道,获得一大堆食物才应该是最佳决策。但是,老鼠可不这么认为,它通常会选择第一条通道——立刻获得少量的食物。这个实验表明,强化的及时性优于强化的力度,也就是及时反馈能够更好地强化一个行为。

要想让人们保持一个行为,行为产生后及时获得反馈是非常重要的。这就像你要让一头牛跟你走,就要先让它吃两口你手中的草,走两步再让它吃两口。与走两步的行为紧接着的是吃到草的反馈,这样牛才会不停地跟你走。如果你让牛一次吃饱的话,它会扭过头去不再理你。人也是一样,及时获得反馈更容易让人们保持一种行为。人们之所以沉迷于游戏,其中一个原因就是在游戏中,你每执行一个动作,系统会马上反馈给你一个结果。及时反馈让大脑在看到结果后自动对结果做出反应,针对结果执行

第一部分
成瘾：大脑在追踪一种感觉

下一个动作。这就像打乒乓球，你把球打过去，球马上就会被打回来。你看到被打回来的球会自动做出反应——打回去。也就是一旦反馈是及时完成的，大脑就会被导入一种自动的、机械的循环模式中——你一来我一往的循环中。及时反馈没有给大脑犹豫、质疑的机会，直接启动了大脑的自动反应模式。人们一旦开始玩游戏就很难停下来，是因为大脑被游戏的模式设置和牵制了。这让大脑失去了理智。

及时反馈很重要，没有及时的反馈，关系建立不起来，即便建立起来也不会稳定。那么，品牌成瘾是怎样实现及时反馈的呢？品牌成瘾与其他让人们上瘾行为不同的是，品牌成瘾的及时反馈模式是一种自我反馈模式。很多时候，它不需要吃到鱼或者吸到烟这样真实的行为，只要感知到品牌信息，大脑就会感觉良好。比如你用苹果手机不需要别人说"你的手机真好看，你真有追求，你的手机高大上等"，不依赖这种外在的奖赏。依赖外在奖赏的话用户只会在得到他人反馈的时候才会感觉用苹果手机感觉良好。这样既无法实现及时反馈，也无法持续体验到自我良好感觉。让人们上瘾的瘾品需要在用户的大脑中构建起一种自我反馈的模式。这样人们才会在使用和消费品牌产品的时候，持续地不依赖外力地感觉良好。只要建立起自我反馈模式，人们用的是不是真的品牌产品都没有关系，只要和品牌相关人们就会感觉良好。这就是完成自我反馈模式的构建后，品牌具有的巨大吸引力和魅力。打造上瘾的品牌最终要实现的就是品牌和产品中自我反馈模式的构建，这是瘾品化的终极目标。关于什么是自我反馈模式，后面的篇章会进行深入阐述。

及时反馈是大脑在行为与感觉之间建立稳定关系的一种先决条件。大脑在关系中渴望一种必然性，而及时反馈是建立必然性的关键所在。需要强调的一点是，这里说的是反馈，而不是奖赏。因为有些行为并没有产生奖赏，但是人们还是在不断沉迷其中，比如游戏，在通关之前，玩家要面临的是不断的失败。失败后没有奖赏，但是有反馈——行为之后马上伴随着结果。结果一旦产生目标就会产生，大脑掌控的意志就会被启动。及时的反馈没有给大脑喘气的机会，使得大脑在意志的作用下不停地采取行动。关于大脑掌控和实现的意志，我们会在后面的部分深入和大家分享。

4. 第四步：自我化

如果是一般的瘾品，能做到前面三个步骤，大脑就会锁定这个感觉目标。但是，要成为让大脑上瘾的品牌和产品，还需要完成最后一步——让品牌和产品实现最终的升华，也就是从品牌和

第一部分
成瘾：大脑在追踪一种感觉

产品让用户感觉好，到品牌和产品让用户对自己感觉好的升华和转变。这次升华是让品牌和产品以及理念"自我化"。没有这次升华，品牌、产品以及理念难成"瘾品"。

前面说过，人的感觉分为两种：一种是躯体感觉，另一种是自我感觉。毒品、美食、烟酒等让人上瘾的东西都是直接作用于人们身体，让身体产生某种愉悦的感觉而上瘾的。而品牌和产品更多的是让人们对自我产生了某种积极正面的良好感觉才上瘾的。品牌成瘾更多是依赖另一套大脑获得愉悦感的机制来实现的，那就是自我奖赏和自我强化的大脑机制。首先来看一下，强化物（奖赏）以什么样的方式存在着。强化物一般可分为两种，一种是直接强化物，另一种是间接强化物。直接强化物是能直接满足人们基本需求的强化物。像食物和水一样，它们本身就是结果，大脑对这些东西是不需要学习的。间接强化物是那些本身不能直接起到奖赏和强化作用的事物，但是它们的出现预示着直接强化物的存在或存在的可能。因此间接强化物也具有强化的作用。在现实中，很多时候人们是根据间接强化物的线索，得到直接强化物的。

在老鼠走迷宫的实验中，老鼠为了找到食物，必须在两条通道中找出其中一条。因此，它会想尽办法学会找到食物的方法，以便提高下次吃到食物的概率。如果老鼠总是在两条通道之间随

成瘾
如何设计让人上瘾的产品、品牌和观念

机地做出选择,那么老鼠就无法从中发现规律,也就找不到获得食物的捷径。但是,如果实验人员在通向食物的正确道路上涂上一小块红色的颜料,那么老鼠就能学会跟踪这个标记,从而快速找到食物。红色的颜料本身不能发挥奖赏作用,但它却作为一种能预测食物所在地的标志发挥着重要的作用。这样老鼠的奖赏系统,就会对这一小块红色的颜料做出反应,而这一小块红色的颜料就是间接强化物。间接强化物更多的是获得奖赏的线索。巴普洛夫在狗的实验中用到的铃声和红灯,还有他后来使用过的香草的味道、旋转的物体,都能刺激狗分泌唾液。这些信息都意味着将有食物出现,它们都是间接强化物,都是获得奖赏的线索。

  对于品牌成瘾来说,更多时候并不是食物与多巴胺的奖赏关系,而是自我与多巴胺的奖赏关系。在人的大脑中住着一个瘾君子——自我。这个瘾君子不停地通过一套社会性的奖赏机制来获得愉悦感。在这里要强调一点,那就是自我是社会性的,人是不可能脱离社会产生纯粹的自我的。人们对大部分事物的上瘾,追究到最后都和自我有紧密的关系——成瘾与社会性有着密切的关系。品牌成瘾就是要让品牌与大脑中的自我感觉建立联结,但是说到底,还是与脑中的多巴胺建立联结。任何联结都有实际的生物基础。品牌成瘾也是以多巴胺为基础的,只不过获得的路径不同罢了。人们激活多巴胺的路径分为两条:一条是人们原始的生

第一部分
成瘾：大脑在追踪一种感觉

存奖赏机制；另一条是自我存在的奖赏机制。品牌成瘾更多的是依赖第二条路径——自我奖赏机制。

生存路径：信息（颜色、声音、形状）——食物、水、性——多巴胺。

自我（品牌）路径：品牌 [颜色、符号、产品（食物、水）、状态]——自我（良好感觉）——多巴胺。

在生存路径中，食物和水能够让人们直接获得大脑的奖赏。而在自我路径中，有些事物就像生存奖赏中的食物和水一样是直接激活大脑的奖赏回路的，这些东西就是他人的赞美、夸奖、肯定。他人的赞美，可以直接激活大脑的愉悦回路，释放多巴胺。所以，积极的社会认可，是自我良好感觉的核心所在。人们穿名牌西服、用苹果手机、喝星巴克咖啡，都是为了通过这些品牌获得积极的社会认可，以及自己对自己的认可。这都是为了让自己体验到自我是一种美好的存在。产品的颜色、包装、设计等品牌信息，在品牌成瘾中都发挥着间接强化物的作用，帮助人们获得良好自我感觉。

这里有个问题就出现了。既然食物和水能让人直接获得大脑奖赏，那么是不是那些食品和饮料品牌，比如麦当劳、星巴克、可口可乐等，就可以绕开自我的环节，直接实现品牌成瘾呢？当

成瘾
如何设计让人上瘾的产品、品牌和观念

然是不可以的。任何品牌都必须与自我发生关系,才会成为让人们上瘾的品牌。因为人们之所以喜欢去麦当劳,在很大程度上不是仅仅为了吃汉堡;喜欢喝星巴克咖啡的人,更不仅仅是为了提神。因为别家的汉堡也能吃饱,喝别的咖啡也能提神,为什么非要吃麦当劳的汉堡,喝星巴克的咖啡呢?这与自我是怎样的一种存在有密不可分的关系。

对品牌成瘾来说,必须把生存、生理奖赏转变成自我奖赏。如果只是生存奖赏,只有需要的时候才会想起,没有迷恋,没有执着,是不能成为"瘾品"的。可口可乐刚刚上市的时候,人们喝它是因为其中有咖啡因和可卡因,喝了它可以提神醒脑,同时还有镇痛效果。这是一种生理奖赏。但是现如今,可口可乐完美地完成了从生理上瘾到自我上瘾的转变,人们对可口可乐成瘾更多是受自我奖赏的驱动。

在 1888 年,可口可乐问世还不到两年的时候,它的创始人潘伯顿就去世了。这时可口可乐面临危机。接下来有一个叫阿萨·凯德勒的人,花了几年的时间实现了对可口可乐的全面收购,包括它的神秘配方。阿萨竭力收购了可口可乐,有一个特殊的原因。阿萨在年轻的时候遭遇了一场车祸,虽然他大难不死,但是却留下了偏头痛的毛病,每次发作起来痛得整个脑袋像是要炸了似的。后来人们就劝他试试可口可乐,结果奇迹出现了,可口可

第一部分
成瘾：大脑在追踪一种感觉

乐居然治好了他偏头痛的毛病。于是阿萨就想要收购可口可乐。潘伯顿去世后，他发现时机成熟了，于是就开始了收购可口可乐的计划。

到这个阶段，人们还是出于可口可乐的特殊功效对它"爱慕有加"，包括阿萨也是看重它的实际功效。接下来可口可乐公司用了几十年做品牌营销，才使可口可乐成了人们心目中依赖的品牌。这其中发生的改变，就是让可口可乐的生理奖赏转变成自我奖赏（精神奖赏）。可口可乐用了几十年时间，让可口可乐进入每个美国人的生活。这瓶小小的可乐已经成了美国人的一种信仰，成了他们价值观的一部分，也就是成了自我的一部分。在当时，美国男人最向往的生活，就是一边看着橄榄球比赛，一边吃着薯片，边上还放着可口可乐。可想可口可乐早已不再只是一瓶小小的可乐，而是美好生活的一部分。这使得可口可乐成了让人们上瘾的品牌。

品牌成瘾的感觉模式必须从事物让"我"感觉好，升级为事物让"我"对自我感觉好。但是，让"我"对自我感觉好，是以事物让"我"感觉好为基础的。就比如可口可乐的口感很独特，会对人们的味蕾产生不一样的刺激，可口可乐的瓶子设计得很美观，品牌形象的红色基调会对人们视觉产生强烈的刺激等，没有这些让人们感觉好的事物，可口可乐就无法升级为让"我"对自我感觉良好的模式。品牌只有实现这样的升级才算真正转变为"瘾品"。可以说品牌成瘾要做的事情就是借助一系列让人们感觉好的事情，来升级为品牌让"我"对自我感觉好。

产品实际的使用价值对人们的好处实在是太有限了。让产品与人们的情感关联起来才会产生持续的价值和无限的价值。就比如可口可乐也就是一瓶糖水，它给人的价值实在是太有限，品牌无论再怎么夸大这种价值也无法让消费者持久消费产品。把一瓶糖水与消费者的情感关联，向人们的内心深处扩张它的价值，其价值才会得到无限延展。

5. 瘾品是一种超越事实的存在

大脑锁定感觉目标的四个步骤，都是为了一个目的，就是将这个感觉目标导入人们的信念系统，在大脑中形成一种信念。感觉目标一旦成为信念，就可以脱离事实而存在。与外在真实的世界的干涉越少，信念在大脑中越稳定。只有这样，它才会扎扎实实地独立存在于人的大脑中。

美国的心理学家斯金纳还曾经做过一个鸽子的实验。他把饥饿的鸽子放入一个特别设计的箱子里。鸽子在笼子里任意地转来转去。无论鸽子做什么，他都有规律地间隔性地给鸽子喂食物。

第一部分
成瘾：大脑在追踪一种感觉

一段时间后，他惊奇地发现鸽子开始重复做一些任意的动作。在食物出现之前，一只鸽子在箱子里逆时针转两到三圈，另一只则将头伸向箱子顶部的一个角落，第三只鸽子则做一个"举"的动作。鸽子们好像是学会了重复去做食物出现之前它们所做过的任意动作。斯金纳把这叫作"迷信"行为。因为鸽子似乎坚信，是它们的重复动作引起了食物的出现。它们认为只要做这个动作，就可以得到食物。而事实并非如此，食物的出现和动作没有任何关系，只是巧合。

在联结学习中，人们获得的一个重要的信息就是"价值"。人们认为无论何时获得奖赏，正好发生在奖赏出现之前的事情最有价值，如果这些事情是在获得奖赏出现前较长一段时间发生的，它也有一定的价值。有些时候事情与奖赏是偶然交错在一起的，就像鸽子的某些动作与食物出现偶然地交错在一起了，实际上它们并没有什么相关性，并不是鸽子做"举"的动作必然会有食物出现。"举"的动作和食物的出现之间的关系是脑建立的，而不是事实真的如此。而脑中建立的这种联结更多的是一种错误信念。很多时候人们认为的价值，往往只是一种错误信念。

这是个在时刻发生着变化的世界，即便事物之间存在某种相关性，这种相关性也会随着时间和环境的变化而改变。就像一些关于错误信念的实验那样。如果你在一个同事面前把一个苹果放

成瘾
如何设计让人上瘾的产品、品牌和观念

进了桌子上的盒子里,而在他去洗手间的时候,你又偷偷地把苹果藏进抽屉。他回来后一定会认为苹果还在盒子里,他会去盒子里找苹果。但是,随着时间和环境的变化,苹果早就不在盒子里了。而他认为苹果一定还在盒子里,就是一种错误信念。人们在事物之间建立的关系,更多的是自我的错误信念,就像斯金纳所说的,是一种迷信。人们不可能一直盯着盒子里的苹果,人们会离开体验过的情景。一切都会成为过去,一切都会发生变化。所以,任何的信念如果不放在特定的时间和情景下,都可能是一种错误信念。

对人来说,信念没有对错。因为信念产生的那一瞬间,就已经脱离了人们体验过的事实,成了一种记忆和执念。信念就是大脑在事物与事物之间建立的关系。信念是人们的执念,是对自我的执着。信念本身就能带给人们快感。人们执着于一个美好的想法,就能够体验到快感。比如上帝是人们对美好的一种执念,这种执念中就有美好的感觉。人们信仰上帝,每天都在祈祷,即便没有得到上帝的偏袒和呵护,也并不影响人们从信仰中获得幸福感、美好感。因为人们与上帝的关系在大脑中。再比如,事物和行为能带给人们快感,但是对事物和行为的执念,同样能带给人们快感。在上面那些实验中,不管"举"的动作是否真的是食物出现的原因,也不管苹果是否还在盒子里,只要相信它们有关

第一部分
成瘾：大脑在追踪一种感觉

系，相信这种关系存在，人们就能体验到良好感觉。快感很多时候是自我意志制造的执念。人们相信自我、坚信自我知道，就能带给自己良好感觉。

《项链》是法国作家莫泊桑创作的短篇小说。故事的主角美丽漂亮的玛蒂尔德，为参加一个晚会，向朋友借了一串昂贵的钻石项链。玛蒂尔德戴着这条项链，出席了晚会。晚会上她可算是光彩照人，比一般女宾都显得漂亮、时髦、迷人，不停地展现迷人的微笑，开心极了。很多男宾都用直勾勾的眼神盯着她。整晚她都陶醉在无比的兴奋和幸福之中。也许是乐极生悲吧，悲剧发生了，她借来的那条项链不见了。她只好借钱买了一条还给朋友。她因此欠下巨额债务。为了偿还债务，她省吃俭用，辛辛苦苦劳作了10年。后来，一个偶然的机会让她得知那条项链竟然是一串假的钻石项链。

这就是信念的作用和力量。一条假的钻石项链，让她在舞会上感觉自己光彩照人、魅力无限。也是这条假的钻石项链，让她辛辛苦苦还了10年的债。但是无论项链是真是假，她认为是真的才最重要。有了这样的信念，她才有了那光彩照人的一晚，也同样有了辛劳的10年。这一切都是她的信念（错误信念）造成的。一旦形成信念，真实的就只有自己的信念了。不管是在那一晚，还是在那10年，发挥作用的都是她的信念，而不是那条不

成瘾
如何设计让人上瘾的产品、品牌和观念

管是真是假的项链。信念对人们来说就是事实,这就是信念的力量。

人们对品牌上瘾,也源于人们为品牌赋予的信念。比如很多女孩都喜欢名牌包,那是因为她们相信背名牌包是时尚、高雅、有品位的象征,可以体现自己的身份和价值。所以很多女孩宁愿省吃俭用,也要买个名牌包。这就是信念(迷信)的作用。人们试图通过拥有某物来体现自我价值,这和实验中的鸽子是一样的。人们迷信背名牌包可以给自己带来特定的价值,所以会不惜代价地买名牌包。那么,背名牌包真的能体现一个人的价值吗?当然不能。但是,这种信念对人们行为的影响却是实实在在、真实存在的。当一个女孩拎着名牌包出门的时候,的确是变得自信了很多,走起路来昂首挺胸,说话也理直气壮。这时人们认为是名牌包发挥了作用,但其实是人们对名牌包的信念在发挥作用,是人们的自我意志在发挥作用。

当人们将某种行为与回报在脑中建立关系时,人们就会去保持这种行为,希望以此来获得期待的回报。同样,当别人告诉我们保持某种行为和某种回报有关系的时候,我们也很乐意去保持这种行为。比如别人告诉你坚持就是胜利,奋斗就会成功等,你相信了这其中的价值,你就更愿意去坚持和奋斗。人们迷信品牌也是这样的大脑机制,是脑在品牌和自我之间建立了一种信念、

第一部分
成瘾：大脑在追踪一种感觉

执念（很多时候并不是事实）。人们认为品牌可以将自我带向理想的彼岸。品牌中让人们上瘾的是自我的执念，品牌成瘾其实在打造的就是人们对品牌的执念。

人们的执念之所以能建立，完全是因为人们对自我存在一种意志。执念是人们把自我的意志强加在了事物之上。自我意志促使人们执念的产生，自我意志是品牌成瘾的核心力量。后面的章节会深入地和大家探讨什么是自我意志，以及它如何控制着人们的成瘾行为。对于人类来说，自我是每个人伴随一生最大的执念。品牌成瘾就是让品牌成为自我的一部分，这样人们才会对品牌形成依赖。品牌成瘾要做的是维护消费者大脑中的这种执念——围绕"我"建立起的一种执念。

第三章
大脑如何追踪感觉目标

1. 感觉良好,再来一次

大脑的飞跃——锁定未来的目标

人们的感觉最大的特性就是适应性。它总是来了又去,不断变化着。大脑锁定一个感觉目标,过不了多久就会对其失去兴趣,这个感觉目标就失去了对大脑的牵制作用。只有掌握了大脑追踪一个感觉目标的三大模式,才能让一个感觉目标持续地牵制

成瘾
如何设计让人上瘾的产品、品牌和观念

大脑。大脑之所以会产生成瘾行为，是因为它不但能锁定一个目标，同时还会在变化中追踪一个目标。品牌和产品要想成为瘾品，就必须将大脑追踪感觉目标的三种模式导入其中，不然就无法实现对用户的持续牵制。

剑桥大学的神经心理学家沃尔弗拉姆·舒尔茨教授与同事做了一项实验。他们训练猴子观看电脑屏幕上红、绿、蓝三盏灯。这三盏灯在之后的实验中发挥着不同的作用。这三盏灯会分别闪烁一到两秒钟。当绿灯闪烁两秒后，安放在猴子旁边的一根管子会流出果汁。而当红灯闪烁时，没有任何的奖赏。实验中，研究人员会对猴子的大脑奖赏回路的活动情况进行记录。

首先，他们在所有灯都没有亮的情况下，让管子中流出果汁，使猴子喝到果汁。这时猴子的大脑中释放出大量的多巴胺。这是个非常重要的环节，没有这个环节接下来的实验就无法推进。这个环节就是将感觉目标导入大脑——让大脑记住一种愉悦的感觉。让猴子将从管子里喝到果汁与愉悦感建立关联，一旦感觉目标产生，大脑就会认为找到了获得这种感觉的方法，猴子接下来的行为就会围绕这个感觉目标想要再来一次。

第一部分
成瘾：大脑在追踪一种感觉

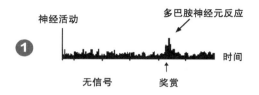

猴子的大脑会怎样追踪这个感觉目标呢？接下来，猴子会看到红灯和绿灯随机闪烁。红灯闪烁的时候猴子没有果汁喝，只有在绿灯闪烁时才会有果汁流出。绿灯闪烁后，随着果汁的流出，猴子大脑中的多巴胺神经元会释放大量多巴胺。这个阶段，果汁的出现和多巴胺神经元的反应是同时发生的。也就是说，是实际的奖赏（喝到果汁）激活了多巴胺的释放。多巴胺的反应就是在事物之间建立关联的信号，为果汁流出做标记。多巴胺让大脑产生强烈的感受，产生感觉记忆信号，记住果汁这个感觉目标。

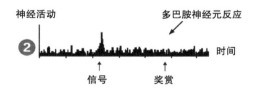

当以上的操作重复几次之后，猴子开始确信绿灯闪烁代表马上有果汁喝。接下来奇迹出现了，猴子在看到绿灯开始闪烁的那一刻，便出现了多巴胺神经元的反应。而在果汁流出后，猴子的多巴胺神经元居然没有了反应。注意：在这个阶段，猴子的大脑是在看到绿灯闪烁时而不是在果汁流出时开始反应。这说明通

成瘾
如何设计让人上瘾的产品、品牌和观念

过训练,猴子对愉悦感的追踪更进了一步——将绿灯闪烁和愉悦感联结了起来。它知道绿灯闪烁是果汁出现的信号,同时它还知道,红灯闪烁意味着没有任何奖赏,所以当红灯闪烁时,多巴胺神经元没有什么反应。

沃尔弗拉姆·舒尔茨发现多巴胺神经元并不仅仅是奖赏细胞。开始的时候,多巴胺神经元像奖赏细胞一样,对果汁产生了反应。也就是说,果汁会激活多巴胺的释放。但是经过训练后,当果汁出现时多巴胺神经元会停止做出反应。取而代之的是,神经元只对闪烁的绿灯做出了反应。这时候的反应已经不是对奖赏的反应了,而是在预测奖赏。也就是说,预测奖赏也会激活多巴胺的释放。这一看似微不足道的进步,其实是大脑对感觉目标实现追踪的一次革命性的飞跃。

这里我们来思考一个问题,如果大脑总是在喝到果汁的时候多巴胺才做出反应,这意味着什么?意味着大脑是在"靠天吃饭",运气好才能吃到,运气不好则毫无办法,根本无法实现对感觉目标"感觉良好,再来一次"的持续追踪。而大脑能够预测奖赏就完全超越了"靠天吃饭"的被动模式。大脑的任何学习机制,基本上都有一个共同的目的,那就是预知未来、掌控未来、搞定未来。

第一部分
成瘾：大脑在追踪一种感觉

大脑对感觉目标"感觉良好，再来一次"的追踪，是通过预测实现的。而大脑能够预测完全是靠记忆实现的，大脑记住了与美好感觉相关的信息和线索。这些线索与感觉记忆关联起来，以此来完成预测。大脑在绿灯与果汁之间建立联结记忆，才实现了对美好感觉的重复体验。大脑任何的联结指向的都是未来，联结就是与未来联结。关联的本质是掌控未来。关联让人们站在可以预知未来感觉目标出现的位置——提前锁定目标，以此来确保实现对上一次美好感觉的重复体验。

所以，绿灯的亮起就是大脑在告诉你："注意了，做好准备，你要的美味就要来了。"而实现这种预测能力的是记忆中那些与美好感觉相关的线索，比如声音、气味、场景等，它们在告诉大脑美好的感觉将出现在什么地方。

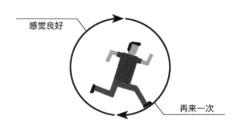

瘾品中导入感觉目标的原则

对于猴子来说甜甜的果汁就能让他们感觉愉悦，果汁就可以

成瘾
如何设计让人上瘾的产品、品牌和观念

成为它们的感觉目标。而对于品牌来说，导入感觉目标是一件非常严谨的事情，它需要遵循三个最基本的原则，一是感觉稳定，二是感受最佳，三是指向核心产品。这三个原则一方面是为了确定品牌和产品在大脑中留下美好的感觉记忆，另一方面是为了确保大脑能重复获得这种美好感觉。

品牌要想让消费者成瘾首先要做的就是，为消费者提供一条找到稳定感觉的路径。品牌的诞生就源自人们再来一次的欲望。品牌是消费者获得稳定感觉的承诺和保障。1843年出现了最早的带商标的食品——昂德伍德美味火腿。顾客上次买了觉得味道不错，下个星期他们会再来买上次那种火腿。老板发现如果给顾客们一个没有任何标识的产品，顾客们总是会拿着食物仔细地端详，好像在努力寻找和上次相似的线索。然后他们都会补一句"是上次那种吗？"顾客们这样的反应，让老板决定采用同样的标识和包装。结果效果非常好，这样的符号让顾客相信，这是他们上次购买的那种产品。这些符号也让人们相信，这和自己上次买的产品品质一样，能确保体验到上次的口味。所以，品牌是确保人们获得和上次同样体验的感觉符号。品牌在人们心中是一种保证，是品质的保证，稳定感觉的保证，也是再来一次的保证。特别是和食物相关的品牌，品牌的符号中有消费者要的安全感、确定感还有稳定感。

第一部分
成瘾：大脑在追踪一种感觉

品牌是获得稳定感觉的感觉符号，也是获得稳定感觉的保障。但是，这里的感觉并不是一般的感觉，一般的感觉就是无感觉。这里的感觉是一种最佳感受、最佳体验。瘾品要打造的是一种最佳体验。

瑞幸咖啡最近比较火。在他们的点餐系统中，点一杯标准美式咖啡，在糖的选项中提供了不少于三个选项，比如无糖、半份糖、单份糖等。在奶的选项中他们也提供了不少于三种选项，比如无奶、单份奶、双份奶。这么多的选项看似给了顾客选择的自由——顾客可以根据自己的喜好来搭配自己喜欢的口感。但是这里也存在一个问题，看似顾客通过自认为的好的、最佳的搭配，获得了最好口感。但是顾客不一定体验到的是瑞幸咖啡的最佳口味。所以，这很容易出现一个问题，在用户第一次选择咖啡的时候，自助作了搭配，尝到的可能是瑞幸咖啡比较次的口感。这对顾客培养来说错过了最佳时机——品牌初体验。初体验不能形成最佳体验，对品牌的伤害很大。这种糟糕的体验会在很长一段时间内影响着顾客对品牌的感觉。另外，顾客需要尝过六七种搭配方案才能知道标准美式咖啡的最佳口感是怎样的。这非常不利于顾客对产品产生稳定感觉。

既然，品牌自称做咖啡是专业的，为什么不把产品搭配的最佳方案、最佳口感展示给用户呢？品牌应该是标准的制定者，品

成瘾
如何设计让人上瘾的产品、品牌和观念

牌才是专业的。而不是任由用户随意搭配破坏了咖啡的最佳口感。这样的解决方案很难建立起品牌在咖啡领域的专业性。如果用户对咖啡有个人的需求，可以提供袋糖，让他们自行添加。一定要记住品牌才是专业的，大部分用户并不真的懂产品，用户的消费行为大部分时候都是在商家的引导下产生的。苹果系统的卓越性能、茅台的口感、可口可乐百年不变的配方、星巴克对咖啡工艺的品质追求，等等，都是在打造最佳的感觉体验。这样才能在用户的心中形成稳定的、最佳的感觉目标。最佳的感觉体验才容易被大脑记住，人们才会有再来一次的冲动。

第三个原则是最佳感受要指向核心产品。瑞幸咖啡采取5折补贴的策略。享受半价在某种情况下是可以营造一种最佳体验——占便宜会让顾客感觉喜悦。但是，这样的策略存在很大的弊端。这样的策略即便能培养用户喝咖啡的习惯，但是这种习惯是5折的基础上培养来的——人们的重复消费行为追踪的是5折制造的愉悦感。而不是咖啡好喝本身带给自己的愉悦感。也就说5折促销的感觉目标与塑造品牌的感觉目标不一致。这不利于打造品牌中的感觉目标。最终的结果是，用户对品牌没有产生成瘾行为，反而是商家对5折促销产生了依赖，不补贴用户就不喝了。这样一来商家只能不断地采取补贴的策略才能维持现状。这也是很多品牌在烧广告、做促销的时候，赚得盆满钵满，但是一

第一部分
成瘾：大脑在追踪一种感觉

不打广告就会严重滞销的原因。疯狂打广告时用户盯上的感觉目标，是促销广告刺激本身，而不是产品。

5折喝咖啡的策略，制造的感觉目标不具备稳定性——商家并不能让用户一直5折喝下去。一旦5折的优惠取消，用户就会大量流失。我想瑞幸咖啡也体验到了5折补贴带来的困惑。要不然他们也不会采取另外一种策略——温水煮青蛙。你会发现瑞幸之后的策略发生了微妙的变化。如果系统发给你的5折券，你消费了，那么接下来系统发给你的券的优惠力度越来越小，5、5.2、5.4等一张券比一张券的折扣低。如果5折的券你没有喝，系统会分发给你优惠力度更大的优惠券，比如4.8折，3.8折等。从这一系列的策略来看，瑞幸是想摆脱5折的困局。瑞幸咖啡能不能摆脱这样的困局关系到品牌的长远发展。

2. 就差一点，再来一次

失败也具有价值

消费者感觉良好会产生感觉目标，感觉目标一旦产生，只要大脑中的感觉目标还在，即便做出某些行为没有及时获得奖赏，大脑也会想方设法地继续追踪感觉目标。最典型的例子就是买彩票。买彩票中大奖，简直就是在做白日梦。做这种白日梦的人

成瘾
如何设计让人上瘾的产品、品牌和观念

99.9%一辈子也中不了大奖,但是他们依旧痴迷于此,而且这梦做得还津津有味。到底是一种什么力量,让人们欲罢不能地想要买彩票呢?

下面继续来看舒尔茨的实验。这个实验之所以经典,是因为实验的设置让我们发现了猴子是如何进一步追踪感觉目标的。研究人员接下来打破了绿灯闪烁有果汁的规则。他们让受过训练的猴子看到绿灯闪烁,但是并不让果汁流出,不给猴子奖赏。在这种情况下,猴子看到绿灯闪烁时,大脑也会快速分泌大量的多巴胺,但两秒之后当猴子发现并没有果汁流出的时候,多巴胺会马上降到一个很低的水平。

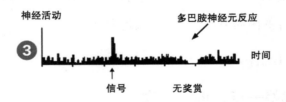

绿灯熄灭后大脑多巴胺水平降到低点,是大脑告诉猴子预测出现了错误。这种消极信号让猴子大失所望,使其想要消除这种失落感和挫败感。消极信号同时告诉猴子旧规则不适用了,要想重新体验到感觉目标必须学习新的联结规则。消极的多巴胺信号促使猴子逃离这种糟糕的局面,重新寻找获得感觉目标的方法。这就好比你和一个朋友约好,今天十点在某个地方见面。你和她

第一部分
成瘾：大脑在追踪一种感觉

约定后，会很开心。可是当到了约定的时间她没有来，你会很失望。这样的失落感对你重新评估这个朋友有很大的影响。比如下次你不会再约她，或者自己也晚到一会儿等。预测失误促使你重新审视和评估你的朋友。

接下来，研究人员还是以受过训练的猴子来做实验。他们先让红灯闪烁，然后打破红灯闪烁没有果汁的规则，当红灯闪烁后给予猴子果汁奖赏。结果发现，一开始猴子对红灯闪烁并不感兴趣，但是在红灯闪烁后意外流出果汁，让猴子的大脑产生了强烈的兴奋。这就意味着，当某些联结出错后，猴子会通过重新学习让新的经验代替旧的联结。大脑以这种方式来继续追踪变化的感觉目标。

由此看来，让大脑产生正面或负面的感受都会让人们有感觉，都会影响人们的行为。而没有感觉的时候人们没有行动的方向。多巴胺消极信号促使人们逃离糟糕的局面。这个消极的信号也是在唤起大脑强烈的感觉，这对猴子追踪感觉目标来说是非常有价值的。价值就是促使它逃离这种糟糕的感觉，积极地去调整

成瘾
如何设计让人上瘾的产品、品牌和观念

策略追踪目标。因为逃离失败就是奔向成功,距离目标更近了一步,这就是时序差分算法。从某一次时间到下一次时间所发生的价值变化,叫时序差分。也就是在一次使你离成功更近的行动之后,价值提升了。人们现在所处的情形比自己之前的情形具有更高的价值。这就是引导人们继续追踪感觉目标的动力。这就像人们每向目标迈进一步,当下迈出的这一步价值就更高,因为人们离成功更近了一步。因此,预测错误从某种意义上来说,也是大脑追踪感觉目标的积极信号——为人们排除了一种接近目标的错误方案。

现如今的女孩,大部分人都认为自己胖。这样简单的一个想法,恐怕就把她们推向了一个没完没了的循环中。当你看到一个关于减肥药的广告时,广告宣传中的各种诉求让你感觉到了自己可以变得苗条。这时你的大脑会分泌大量的多巴胺,鼓励你做出选择。可当你买来产品用了几天后,你发现丝毫没有效果,这时你的预期和实际的奖赏不符,伴随而来的便是你失落的心情——降到低点的多巴胺水平,这让你感到自己预测错了。但是,预测错误并不是一个没有用的信息,而是在告诉你应该选择其他的方案。毕竟在减肥的道路上你排除了一种错误的方案,就意味着你离正确的方案更近了一步。排除了错误方案以后,接下来你会重新尝试其他的减肥产品,比如其他的药物、其他的减肥方式等。

第一部分
成瘾：大脑在追踪一种感觉

总之，经历过错误以后，人们往往会认为，当下的行动比之前的更有价值了。

正是因为有了这样的追踪感觉目标的机制，才使得人们对一些没有及时产生确定回报的行为上瘾，比如玩游戏、买彩票。因为人们感觉，每往前走一步，就离成功更近一点。在很多的游戏厅里都有夹娃娃机。看到这样的机器，人们会侥幸地认为，这太简单了，总是按捺不住自己要试一试的冲动。当你终于握住操纵杆想要一显身手的时候，却发现并不是那么容易的。面对一次次的失败你还是一次又一次地重来，就是因为每次失败都让你感觉差一点点就成功了，比如，要是刚才再往左一点就好了，于是你决定再来一次。结果90%的概率你是失败的。但是你并不认为自己失败了，而是认为只差一点点就成功了。大多数人直到放弃的时候，大脑中都会有一种非理性的信念，那就是"我还是就差那么一点点就会赢"。错误信号就是要告诉你离目标只差一点了。

英国剑桥大学的卢克·克拉克和他的同事,做过一个关于赌博的实验,来研究赌徒"差一点就赢了"这种非理性信念。研究人员找来40名被试,让他们玩一个简单的老虎机游戏,并对他们进行大脑扫描。研究结果发现,被试在赢钱的时候,大脑的愉悦回路被激活了。同样地,在出现"差一点就赢了"的情形时,大脑的愉悦回路也被显著激活了。在这个实验中,研究人员在某些环节操纵了老虎机,让被试感到"差一点就赢了"。也就是说"差一点就赢了"的心理,激活了与赢钱有关的区域,也激活了人们的愉悦回路,让人们体验到了愉悦感。大脑对没有赢的事实,做出了"差一点就赢了"的非理性解释,才使人们沉迷其中。这其中"差一点就赢了"的解释唤起了人们再来一次的意志,所以人们感到愉悦。在自我意志的部分我们再更加深入地分析自我意志是如何把大脑的理性搞失灵的。

如何有效地转移感觉目标

"就差一点,再来一次"的行为模式,是大脑进一步追踪感觉目标的行为策略。要想让人们对品牌成瘾必须将人们的行为导入"就差一点,再来一次"的感觉目标追踪模式中。让感觉目标不断地在动态中转移,这样才能在动态中进一步牵制用户。感觉的核心属性是来了又去,也就是有有感觉的时候就会有没感觉的时候。当用户寄托在产品上的感觉目标将要消失的时候,企业就

第一部分
成瘾：大脑在追踪一种感觉

要将这个感觉目标进行转移，这样用户对品牌和产品的强烈感觉就会再次燃起。

那么，如何将"就差一点，再来一次"的模式导入品牌中呢？其中的一种做法就是品牌要主动地为用户制造失败和挫败。最常见的做法就是要让产品不断地升级和换代。苹果手机从iPhone6到iPhoneX其实没有什么本质上的差别。留意一下你会发现现在还有很多人在用iPhone6。其实从功能上来说，iPhone6足可以满足用户的需求。那么，苹果为什么要不断地推出升级款呢？原因就是为用户制造挫败感。

苹果手机基本上每年都会推出新款。为什么呢？因为用户在这么长时间后对新手机的新鲜感就会消失。用户对手机的感觉变淡意味着感觉目标在消失。这样一来，品牌就不能再继续牵制用户，就会有流失用户的风险。这时最好的策略就是将即将消失的感觉目标进行转移。就像猴子的实验中，绿灯亮的时候不再流出果汁，感觉目标实现了转移。产品让感觉目标实现转移的方法之一就是推出升级版和新品。感觉目标实现转移有两个目的：一个是主动为用户制造失败和挫败感，告诉用户寄托在其中的感觉已经消失，要想重新体验到那种感觉就需要去追踪新的目标——换新手机；另一个目的是，推出新品让用户重新把注意力聚焦在品牌上，让用户对品牌的感觉重新变得强烈。推陈出新也为用户制

成瘾
如何设计让人上瘾的产品、品牌和观念

造了一种错觉——让用户认为自己没感觉的原因是自己的手机过时了，该淘汰了。

由于人们在品牌中追求的是一种感觉，当挫败感产生，而新的感觉目标又近在眼前，这样的局面会让用户感觉自己只是差一点，追求的感觉就会如愿以偿。结果是随着感觉目标的转移，用户的感觉总是就差一点就能永远获得期待的感觉。这样一来，感觉目标会不断地转移，用户也不断地渴望"再来一次"。

下面还要阐述一个观点，为什么iPhone一直在推陈出新，而销售业绩却连连下滑呢？这里有个最重要的原因就是更新和升级没有带给用户直观上的改变。这是感觉目标转移要遵守的第一个原则——由外而内的原则。从iPhone6到iPhoneX的外形设计没有大的改变。不像iPhone5到iPhone6从感官上有了直观的改变。这种情况给人的感觉是，感觉目标没有彻底转移，用户还可以继续使用iPhone6。特别是对于这种更替性比较快的科技产品大家更是抱持这样的心理。乔布斯时期，苹果公司每一次推出的新品在外观上都有直观的改变，目的就是要让用户的感觉目标彻底转移。

升级换代首先要从外观上升级，让人们直观地感觉到变化。很长一段时间，我选择同一个品牌的同一种功能的洗发水，比如

第一部分
成瘾：大脑在追踪一种感觉

具有柔顺功效的洗发水。一次，我新买了一瓶同款洗发水，在用的时候我发现洗发水由原来的乳白状变成了透明状，而且气味也发生了很大的变化，感觉比以前"甜"了，洗头的时候还感觉特别油，这完全不同于以前的产品。我认为自己买错了，仔细看看包装上的变化并不大，写的也是柔顺型。我感觉自己恐怕是买到假货了，便到超市退货。超市的品牌专员说这是新款，可是在包装上根本没有找到新款的字样。她端详了半天才指着包装上一个和其他图案混在一起的类似分子的图案（上面写着几个小小的英文字母），说这款洗发水加了这个成分，所以味道和性状变了。她说绝对不是假货，我也就没再追究什么。但是，这就是一个更新产品最失败的案例。企业并没有从外观上直观地告诉用户更新了，而把内部的东西彻底地改变了，所以让用户感觉不知所措。转移感觉目标遵循由外而内的原则，是让用户直观地感受到追踪的感觉不在这个产品上了，以此做好追踪新感觉目标的心理准备。由外而内是因为人们的感觉是由外而内的，先是看到、闻到，再往内延伸——感觉愉悦不愉悦，高兴不高兴。升级换代时坚持由外而内的原则对于大众品牌来说尤其重要，因为大众更多的是通过直观感受来理解产品的。

但是，感觉目标彻底转移并不适用于每种产品类型。食品类的产品就不太适用，特别是那些以味觉和嗅觉为核心直观感

成瘾
如何设计让人上瘾的产品、品牌和观念

觉打造的产品。这就要遵循感觉目标转移的另外一个原则，以味觉和嗅觉为核心的感觉目标的转移不能建立在破坏原有感觉的基础上。比如可口可乐就是一个很好的案例。在1985年，可口可乐为了与百事可乐竞争，修改了自己的配方。这下子美国的媒体和公众都炸了锅。一夜之间，人们纷纷写信、打电话指责可口可乐公司。据统计，当时打电话来的消费者大约有40万人。他们指责可口可乐公司："你们夺走了我对美好童年的回忆！"可口可乐是一种靠口感与人们的美好感觉捆绑在一起的产品。产品的核心味道一旦改变，用户寄托在其中的感觉目标就崩塌了。可口可乐应采取的策略是保持经典款的经典口味，另外推出全新的产品。

看到这里你也许会感觉苹果不断地更新换代，可口可乐不断地推出全新的产品，难倒不会破坏用户对品牌稳定的感觉吗？用户对品牌的稳定感觉是由品牌的核心情感支撑着的。只要核心情感不变，产品的更新换代就不会破坏用户对产品稳定的感觉。说到苹果公司的产品，人们对其稳定的感觉是科技、高端、时尚，而不是产品的外形，外形只是用来体现这种核心情感的。下文会重点和大家分享情感在瘾品中发挥的重要作用。这里要强调的一点是感觉目标的转移是一件非常严谨的事情，一不小心，用户就会流失，所以操作起来要慎重，要充分了解用户追踪感觉目标的

第一部分
成瘾：大脑在追踪一种感觉

模式，才能实现感觉目标的有效转移。

3. 可能更好，再来一次

沃尔弗拉姆·舒尔茨在实验中还设置了一个蓝灯。设置那个蓝灯有什么用呢？舒尔茨的实验还没有结束，接下来蓝灯就要粉墨登场了。他们把蓝灯闪烁后的奖赏设置成随机的，有50%的机会出现果汁奖赏。也就是，蓝灯亮时，果汁是否流出是不确定的。受过训练的猴子在刚看到蓝灯闪烁的时候，其多巴胺神经元会有一个短暂的激活，并且在蓝灯闪烁的大约1.8秒间，多巴胺神经元的激活程度会随着时间不断加强，直到蓝灯熄灭时达到高峰。蓝灯闪烁是不一定有果汁的。因此这就说明，蓝灯这个可能性的信号，也能激活大脑多巴胺的释放。蓝灯既不是实际奖赏，也不是预期奖赏，更不是预测错误，那么多巴胺神经元为什么会有反应呢？

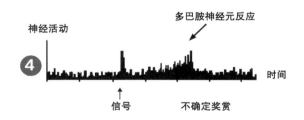

一些研究人员把沃尔弗拉姆·舒尔茨的实验改变了一下，运

用到人们的赌博中。结果发现，人类大脑的奖赏机制与猴子的奖赏机制是一样的。即便人们知道奖赏是不确定的，但是只要人们产生可能获得奖赏的信念，就会感到足够刺激和兴奋。蓝灯亮起意味着可能的奖赏。多巴胺的反应意味着奖赏可能存在。

人们沉迷于一些事情，并不仅仅是"感觉良好"和"就差一点"的心理在起作用，"可能更好"也是人们沉迷其中的重要因素。人们沉迷于购买彩票和赌博，是由于一些信息开启了获得奖赏的可能。这种可能有时是直接开启的，比如自己以前买彩票时中过几元、几十元，甚至几百元钱。有时是间接开启的，比如从媒体上看到有人中了几百万元的大奖，或者是自己忽然做了一个预示发财的好梦等。这些都为人们中奖开启了可能，于是人们愿意为这种可能采取行动。而猴子之所以在不确定是否有奖赏的情况下分泌多巴胺，是因为它们受过训练，将灯的闪烁与果汁流出关联在了一起——形成了感觉目标。这样的经验，为它开启了获得奖赏的可能。如果灯亮起后，它从来都没有获得过奖赏，那么蓝灯亮与不亮它便漠不关心。中彩票也是这样，如果你自己或他人都没有中彩票的经验，也没有获得过和中奖相关的信息，根本就没中奖的概念，那么你连想都不会想买彩票这件事，更别说对它寄予"厚望"了。

那么，"可能"是什么呢？"可能"是人们窥视未来的缝隙。

第一部分
成瘾：大脑在追踪一种感觉

在当下，人们采取行动之前，在一切发生之前，对任何事物的想象或者猜测，都是可能性的判断。这种判断都指向未来。在当下，人们面对未来，未来的一切都是未知的，是一片黑暗。而从"可能"的缝隙中透进的一丝丝光芒，对面对黑暗不知所措的人们来说，是希望，也是前行的动力和勇气。人们一次又一次地采取行动，做出选择，都是因为人们通过一些信息和经验，感觉自己窥视到了未来，掌控了未来。不然的话，人们是连动都懒得动的，更别说冒险了。但是，这种可能性必须遵循一个原则，那就是可能会更好——比现在更好，人们才会冒险尝试。如果有一种可能，你做出尝试后，让你失去更多，甚至还不如现在，你是绝对不会尝试的。

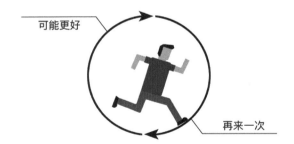

可能性是人们积极行动重要的推动力，也给人们探索未知的勇气和动力。莱特兄弟发明了飞机，是因为在他们的思想中，人在空中翱翔是完全有可能的。而乔布斯认为人们可能喜欢将看视

成瘾
如何设计让人上瘾的产品、品牌和观念

频、上网、听音乐等功能,集中在一部小小的手机里。有了这样的猜想,才有了今天的苹果手机。只有看到可能性,人们才会愿意尝试,愿意挑战,愿意冒险,愿意坚持。可能性是人们积极面对未来的动力,一切都是通过可能性开始的。品牌成瘾一定也是在不断地为用户开启一种可能性。

品牌在导入前述两种感觉目标追踪模式后,还需要导入第三种模式——可能更好,再来一次。这样的模式可以使用户对品牌的感觉维持在一定的热度。拿星巴克的咖啡杯来说吧,一次性的杯子主要为白色绿标标准款,同时它会随着地域和季节的不同推出限定款,还有联名合作款等多款色彩丰富、设计风格独特的杯子。不但如此,星巴克还会偶尔推出一些设计新颖的杯子。星巴克曾经推出了一款叫"猫爪杯"的限量杯子。这款杯子一推出在网络上就被炒得沸沸扬扬,很多店铺出现排队购买的现象。官方售价199元一个的杯子,竟然被"黄牛"炒到了上千元。星巴克推出这样有创意的产品,就是在用户对星巴克习惯和麻木的感觉背后,点燃的又一把激情。这就像一堆篝火,在快要熄灭的时候,再在上面加入一些柴火,火就会重新燃烧起来。

可能性的奖赏是更诱人的一种奖赏模式。如果这种可能性是运气与自己的努力混合的产物,那么这种可能性的吸引力就会大大提升。星巴克推出的猫爪杯是限量发售的,这就有了制造幸运

第一部分
成瘾：大脑在追踪一种感觉

的成分。限量款让用户感觉买到就是自己的幸运，是老天对自己的眷顾。而排队购买，也让用户感受到自己很努力地去争取。在可能性的奖赏中，努力和幸运各占一半的时候，奖赏对人们的诱惑力是最大的，人们更渴望达到目标。

把可能的奖赏巧妙地运用到产品中，有一个非常成功的案例，就是健达奇趣蛋。很多小朋友喜欢买奇趣蛋并不是因为喜欢吃里面的巧克力，而是为了每个蛋里面的玩具模型。小朋友们痴迷于购买奇趣蛋是因为每个蛋里面的小玩具是不确定的，也许是个小恐龙，也许是个小汽车，也许是你根本想不到的玩具，只有打开才知道。这种不确定性让小朋友不断地想购买奇趣蛋，因为小朋友渴望打开时得到不一样的小玩具，他们希望收集更多不一样的小玩具。这种不确定深度唤起了小朋友们不断想要得到奇趣蛋的意志。

可能更好是在稳定美好感觉的基础上不断地为消费者提供更美好可能的体验。它让用户不断地从中体验到出乎意料的小惊喜。这是让用户心中的感觉目标保持热度和新鲜度的一种方法。

人们对一个品牌上瘾，对一个产品上瘾，一定是因为人们在品牌和产品中不断地、持续地看到了带给自己收益和好处的可能性——让自己变得更好、更美、更强大的希望和可能。只有这

成瘾
如何设计让人上瘾的产品、品牌和观念

样,人们才愿意一次又一次地出手。其实,品牌和产品的最大使命,就是开启人们可能获得奖赏的大门。一个人去购买一个价值几万元的包包,一定是因为它开启了让她变得身份高贵的可能。一个人去喝星巴克的咖啡,一定是因为它开启了让其体验到有别平淡生活的美好的可能。开启可能是成瘾的品牌、产品和观念的最基本功能。

纵观人类的发展和人们的生活,大家会发现一切都是从"可能"开始的。 人类天生就喜欢从冒险事件中获得愉悦感。这是人类的本性,人的大脑就是这样设计的。所以,可能更好,就会再来一次。

大家在了解了大脑跟踪感觉目标的三大模式后,还要明白的一点是,在品牌成瘾中这三种模式很多时候并不是单独发挥作用的,而是互相交错在一起彼此影响的。品牌成瘾需要同时将这三种模式导入品牌中。这样用户大脑中的感觉目标才不至于消失,才会一直将感觉目标追踪下去。

第二部分

瘾品化的三要素

第四章

迷恋始于"情感"

1. 定海神针——立在大脑深处的自我情感

我们都知道《庄子与惠子游于濠梁》的故事。庄子和惠子一起在濠水的桥上游玩。庄子指着水中的鱼说:"你看鱼在水中游得多么自由自在,它是多么快乐啊。"惠子说:"你又不是鱼,怎么知道鱼是快乐的呢?"这其实就是因为庄子在鱼身上赋予了情感,庄子看到的是自己的思想。当我们注意到什么的时候,不会只是注意,而是会马上跑进自己的思想里去想象,赋予事物好

成瘾
如何设计让人上瘾的产品、品牌和观念

坏、善恶、对错的情感。赋予事物情感是为了让事物为我所用。庄子说鱼自由、悠闲，是在表达自身被各种欲望、条件所困的无奈、无助的自我情感——我是一种无助的存在。庄子从鱼身上感受到的情感，是自己投射在上面的思想和情感，是一种自我情感。自我情感就是事物让我感受到自己是怎样的存在。自我情感是"为自我服务的情感"。

自我情感真的很神奇。在我儿子两岁的时候，有一次我们带他到野外去玩，草丛里可以找到蚂蚱，我就抓了两只给他。他看着一大一小两只蚂蚱非常开心，把它们当成了自己的小宠物。玩了一会儿，他就把这两只蚂蚱放了。但是，那只小一点儿的蚂蚱没有立刻跳走，而是在原地待了一会儿，又蹦到了他的鞋上。对此他并没有什么特别的反应。我逗他说："你看这只小蚂蚱多么喜欢你啊，舍不得走，又回来了。"这时他瞬间就流下了眼泪，哭着说："可是它该回家了。"本来那只小蚂蚱和他没有什么关系，但是当他把蚂蚱重新跳到他鞋上这一情景赋予情感的时候，一切都发生了改变。儿子感觉自己被蚂蚱喜欢着，而又不得不让它回家，所以感到很无奈、很伤心，眼泪瞬间就来了。从这件事也可以看出，最能打动人的，是事物中的自我情感。

产生自我情感的前提是将事物情感化。就像庄子将鱼赋予了情感，儿子将小蚂蚱赋予了情感，都是把事物情感化。事物一旦

第二部分
瘾品化的三要素

情感化，自我就会试图将其为我所用。所以，人们倾向于那些立场鲜明、带有清晰而且积极情感的信息，因为它们更容易为我所用。在人们看来，没有情感的东西是一文不值的，更不要说什么产生依赖了。这并不是一种偏见，而是这个世界的运作规律。在人们的心中，情感才是最有价值的东西。人们接受的很多训练，其实也都是在学习如何赋予事物情感。

我想我们都经历过这样一个阶段。那就是上小学后刚开始学写作文的时候，怎么也写不出来，不知道该写什么、该怎么下手，只能对着作文纸焦躁不安。比如，老师让同学们用200字写一篇去海洋馆的游记。刚开始练习写作文的小朋友，大部分会这样写：早晨吃完早饭，我坐着地铁去海洋馆参观。进了海洋馆，看到了很多小鱼和大鲨鱼，还有海豚表演……这样的作文，你看一眼，肯定会说："这不是在记流水账吗？"其实，孩子们描述的是事实。老师看到这样的文章可能会这样引导：你可以写写吃早饭的时候，你是不是在一边吃饭一边想象海洋馆是什么样子，是不是很期待这次旅行，再描写一下自己迫不及待的心情；到了海洋馆，你可以描写一下那里的人们欢快的样子；看到鱼，你可以描写一下大鲨鱼是怎样悠闲地在水里游，小鱼儿又是怎样的……老师总是想让你用力地去解读一切事物的情感。当一篇文章被赋予了丰富的情感和思想后，才会被认为是好文章。我在写

成瘾
如何设计让人上瘾的产品、品牌和观念

文案的时候也习惯这样去做。如果不能给一个产品或一个品牌赋予情感，就无法体现产品和品牌的价值。

我参观过一个艺术作品展。那里无论是油画、影像作品还是雕塑，每个作品都价格不菲。直观地看每个作品，并没有什么特别的感觉。这不禁会让人质疑它们为什么值这么多钱。但看完作品下方的作品介绍后，我瞬间就感觉这些作品很值钱了。因为每个作品都被赋予了一个很高深的意义，什么虚无啊、本源啊、模式啊、场啊。我就在想，不就是不同的图形、色块、视频、形状吗？跟这么高深的意义和价值有什么关系呢？好像这些作品抓住了这个世界最根本的东西，把整个世界都浓缩进了一个作品里。但是不管怎样，这样写的确是打消了我对它们高价格的质疑。

人是情感动物，人的思维是模式化的、情感化的。任何进入人们视野的事物，都会被自动地而且是强迫性地，送上人们情感的天平，来进行衡量。可以说，人是"情感泛滥"的动物，"滥用情感"的动物。小到一句话、一个动作、一顿饭，大到一部电影、一个仪式、一项工程，人们都必须从中"品尝"出情感来，否则绝不罢休。

只有被赋予情感的时候，文案才是好文案、故事才是好故事、产品才是好产品、品牌才是好品牌。同样地，赋予情感，也

第二部分
瘾品化的三要素

是一个品牌从死到生的转变之路。在前面说过的可口可乐，也是经历了从生理奖赏到自我奖赏的转变过程，才最终成为人们迷恋的品牌。这个过程就是要赋予情感，让品牌成为人们情感的寄托。其实，要想打造出让用户成瘾的品牌，就要想象有个人一直站在你的身后，敲着你的脑壳说："升华！升华！情感！情感！"

我们一直在强调品牌要与用户建立深层联结，那么这个深层联结是什么呢？深层联结就是要深入人们的灵魂深处，与自我发生关系。也就是品牌和产品要满足自我的情感需求。品牌必须让人们感受到自我是一种美好的存在，品牌中的自我情感才能让品牌像一根定海神针一样稳稳地立在人们内心深处，树立起品牌和产品的高大形象，确立在人们心中的稳固地位。也就是说，品牌和产品是靠情感进驻人们的大脑的，情感是靠与自我发生关系占据一席之地的。

2. 定海神针——让瘾品住进用户的大脑

每个人们迷恋的品牌，都是带有鲜明个性和情感的。把奥迪、奔驰、宝马三种车放在你面前，单看车型的线条设计，你就会对这三个品牌的车产生一种感觉。奔驰车的设计，显得沉稳、大方。宝马车的外形，透着一种时尚和前卫。而奥迪呢，则厚

成瘾
如何设计让人上瘾的产品、品牌和观念

重、大气。总之，单从外观上你就能感受到，这三种车各自彰显出了不同的个性。人们仅仅从外观设计的线条中，就能感受到沉稳、时尚、厚重、大气等个性，是不是很神奇呢？

纵观所有的大品牌，都能看到它们传达的某种精神。去深入分析所有大品牌的各种信息——设计、文字、口号、颜色、材料、广告、营销方式等，就会发现这些信息背后，都能让你解读出一种个性、一种精神、一种力量、一种意义、一种价值观。不管是意义还是价值，又或者个性、精神，这些东西分析到最后都是在传达一种情感——好坏、对错、善恶的情感。品牌坚守和传达出的理念、价值观、精神等，它们一起组成了品牌的核心情感。用户通过这种鲜明的核心情感来判断哪个品牌和产品更适合自己。人们就是通过在品牌中注入鲜明的核心情感，让品牌变得情感鲜明和个性鲜明的。

现在请你来思考一个问题，沉稳、时尚、厚重，是用来描述汽车、描述品牌的吗？不是，这些词都是描述人的，都是在将产品、品牌拟人化和个性化。这是因为用户在用理解人的方式，来理解品牌和产品。为什么你能感觉出一个产品适不适合自己呢？这是因为产品表现出的"个性"，可以让你知道它是否适合你。如果你是追求时尚的年轻人，你会认为一辆老气沉稳的车不适合你。那么品牌的"个性"是如何产生的呢？品牌通过各种手段把

第二部分
瘾品化的三要素

产品拟人化、情感化，比如把产品设计成粉色，并且线条优美，就与追求时尚的女性的情感建立了联系。

那么，为什么要将这些情感赋予一个冷冰冰的产品呢？把品牌的内容拟人化，为的又是什么呢？人们对品牌的依赖，更多的时候并不是出自对它的真正需求，而是为了满足自我情感需求——我要感觉到我是怎样一种存在的需求。品牌往往通过信息传达出时尚、酷、高尚、真诚、热情、庄重、亲和、梦想、爱等个性和理念。当产品的这些情感信号渗入人们的大脑后，就会与每个人的灵魂去对接，并唤起人们的自我情感需求。这样一来，品牌就与自我建立了联结，人们就会感觉这个品牌和自我有关系。有什么关系呢？成全自我的关系，实现、显现自我的关系。自我就像一个赤身裸体的存在，如果它想要感知到自己是个高尚、高贵的存在，这时正好商家做了一件被赋予高尚、高贵情感的衣服，自我就会毫不犹豫地将其披在身上，让自身实现高尚、高贵。这就是情感和自我的关系。

品牌通过打造富有鲜明个性和情感的产品，来满足用户的自我情感需求。比如苹果的外观设计，让它成了"时尚"这一概念的载体。当人们认为自己是时尚的，或者渴望变得时尚时，就会钻进苹果手机这个标注着时尚概念的壳里。也就是说，当人们用上时尚的手机时，就认为自己变成了时尚的人，实现了

成瘾
如何设计让人上瘾的产品、品牌和观念

时尚的自我。

品牌的任何元素，都应该服务于品牌要打造的核心情感。品牌的核心情感越鲜明，品牌的个性特点越强烈，自我就越是渴望寄居其中，越是渴望借助品牌来体现自我。我们一定要记住，自我依赖的是一种情感，而不是一块铁皮、一个颜色或一种材料。在这些冷冰冰的东西上赋予情感，自我就会试图借助品牌，来实现自我渴望的样子，彰显自我渴望具备的特质。自我是一堆思想，如果没有品牌、符号、形象、产品来加持，就会赤裸裸地一眼见底，根本谈不上什么价值和意义。

一位同事曾对我说起过香飘飘的一则奶茶广告，广告语是"小饿小困喝点香飘飘"。她说："这下香飘飘可是抓住了人们的一个痛点。"我说："那它也成不了让人们依恋的品牌，还依旧是一个依赖广告产生销量的产品。做一做广告就卖一卖，不做广告就萎靡不振。结果，最后用户没有对品牌产生依赖，倒是企业对广告产生了依赖。"国内很多企业都想做大品牌，但是在塑造品牌这方面，采用的却都是产品的营销思维，而不是品牌的营销思维。产品营销思维注重的是卖点，而品牌思维更注重情感和个性的塑造。

能够解决人们困和饿问题的产品有很多，比如咖啡、巧克

第二部分
瘾品化的三要素

力、糖、功能饮料等。为什么要选香飘飘呢？这就像选男朋友，不管选老王、老李还是老赵，都可以解决结婚的问题。香飘飘要想成为让人上瘾的大品牌，首先要让人们对它产生迷恋，迷恋品牌中能代表自我的情感，而不是强调产品能够满足用户的某个具体需求。要想知道香飘飘是不是人们依恋的品牌，只需要问个简单的问题就可以验证了。那就是少男少女们是不是渴望让别人看见自己把香飘飘拿在手上。人们是像端着星巴克咖啡那样，愿意把香飘飘的标志朝外，让别人看见呢，还是像对待方便面似的，草草地将其塞进购物袋里，生怕别人看见？

在1995年，星巴克就发展成了一个家喻户晓的品牌，它有优质的产品，也与用户建立了良好的关系。但是，在竞争日益激烈的市场上，各种咖啡品牌层出不穷。星巴克品牌如果仅靠产品质量和现有的品牌形象去竞争，很可能会受到市场的冲击，尤其是在奉行的宗旨模糊不清的时候。就像舒尔茨说的那样："你走在大街上，一路走来可能会遇到好几家咖啡厅。你怎么知道哪家的咖啡最好呢？……我们必须要有一种先入为主的方式，来表达我们的品牌理念，让自身与其他的竞争对手从本质上区分开来。"如果没有一种根本上区别于其他品牌的软壁垒，人们很可能把星巴克与其他的品牌混为一谈来理解。这样星巴克就没有了竞争优势。

所以，星巴克需要更好地表达一种价值观，并深化企业的品牌形象。它必须构建起一种强有力的软壁垒。这种软壁垒就是在品牌中注入情感——鲜明、强烈的情感。它意识到用户依恋的是品牌中更宏大的、更强有力的、与自我相关的东西，而不仅仅是产品本身。就比如人们喜欢迪士尼，是因为它承载着一种家庭、欢笑、梦幻的情感；而耐克承载着一种运动精神、赢的精神、一往无前的情感。星巴克也要在品牌中注入鲜明的情感——智慧、时尚、小资。这就是让这个品牌产生高度，构建起高大壁垒的核心情感。你呢？你的品牌贩卖什么样的感觉？千万不要告诉我是在卖汽车、在卖衣服、在卖咖啡，你必须完成对品牌核心情感的确定和设计。

3. 定海神针——近在咫尺的美好

品牌中的核心情感一旦树立起来，不单单是建立起了超越竞争的高墙和壁垒。同时它还有对人们召唤的作用——召唤人们追求更美好的生活和自我。我们都听过猴子捞月的故事。一群猴子在森林中玩耍。一只猴子抬头看到了又圆又亮的月亮，它越看越喜欢，很想把它摘下来。于是吹了一声口哨把大伙召集起来。它们想了一个办法，把竹竿一根一根接起来，试图把月亮摘下来。可是它们每接一根竹竿，都感觉还差那么一点点，认为再接一根

第二部分
瘾品化的三要素

就能够到月亮。结果发现怎么接都够不到天上的月亮。正在它们苦恼的时候，另外一只猴子看到了池塘中的月亮倒影，于是兴奋地吹起口哨，让大家来捞水里的月亮。它们一个接一个倒挂金钩似的想要捞到月亮，可是，一个猴子接一个猴子，总是感觉差那么一点点。大家都要累得吃不消了，这时正好一个葫芦落到水里，圆圆的月亮"碎"成了一片。结果是，水中捞月一场空。

水中的月亮是一个影子、一个幻象，就摆在猴子们的眼前。这让猴子们感觉只差一点点就能够到它。结果是每多加一根竹竿和每多挂一只猴子，它们都感觉还是只差一点点。人们围绕一件事情思考的时候，也很容易进入猴子捞月一样的怪圈——总是感觉就差那么一点点。

人们对品牌产生依赖的心理，和猴子捞月差一点点的思维一样。猴子之所以总是感觉只差一点点就能如愿了，是因为猴子追逐的是一个海市蜃楼般的存在——水中的月亮。猴子执迷于捞月，是因为它们认为月亮是真实存在于水中的。水中的月亮给了它们希望，让它们看到了可能。而品牌追求和猴子捞月有些相似。人们追求的是品牌带给他们的感觉。而这种感觉是被投射在与品牌相关的事物上的。人们认为只要购买和消费品牌就能永远地获得品牌背后携带的美好感觉。人们不停地试图通过消费来获得感觉。但是感觉是个来了又去的东西。这就导致人们停止对品

成瘾
如何设计让人上瘾的产品、品牌和观念

牌的追求，就体验不到品牌带来的感觉了，所以人们需要不断地去消费品牌。要想让人们执迷于一个品牌，就要把品牌打造成情感的载体——清晰可见、触手可及，但是又无法真正、永远地拥有和得到背后承载的美好情感。

在大部分有麦当劳门店的地方，你都能远远地看到一个"M"形的标志。这似乎成了麦当劳的标配。这个想法最初源自雷·克罗克。他注意到教堂的屋顶都立着一个高大的十字架，而法院的顶部总是会飘扬着美国的国旗。这都标志着在保护一种价值观和信仰。人们享受着美国国旗下保护的价值观，享受着十字架保护下的信仰。而麦当劳最初被拱形环绕的店面形象，以及人们经常看到的高高在上、醒目的"M"形标志，也发挥着类似的作用。麦当劳也在保护一种价值观。看到麦当劳的标志，你就感觉它好似在召唤人们来此聚集，召唤那些体面的健康的人来此享受麦当劳保护下的价值观。它不仅仅有汉堡和美食，它还代表了家庭，代表了社区，是人们聚集在一起享受快乐、美好时光的地方。麦当劳就是"美国新一代的教堂"，它给人们身体和灵魂的供养。只要你依附其中，就能享受到这样的保护。其实麦当劳出售的不只是汉堡，更多的是幸福快乐的生活。

第二部分
瘾品化的三要素

麦当劳最初富有个性的拱形店面形象

麦当劳高高在上的标志

奔驰 4S 店楼顶旋转的巨大标志

成瘾
如何设计让人上瘾的产品、品牌和观念

如果你留意过奔驰的 4S 店，就会发现很多奔驰 4S 店的楼顶，也立有一个超大的一直在旋转的奔驰标志。这和国旗、十字架也是一样的效果。这昭示着它其实不仅在卖汽车，而是在卖一种把你带向幸福生活的方式。同样，星巴克出售的不是咖啡，而是时尚和小资。如果你深入地去发掘那些大品牌，会发现它们都在兜售一种价值观和信仰。

据统计，在美国曾经同时有 150 多种山寨可口可乐。可口可乐一直在被模仿，但是从来也没有谁能超越它，包括它的劲敌百事可乐。其实，可口可乐早就不只是在卖饮料了。可口可乐红色瓶子里，装的是奋斗、美国梦、激情和创造力，也就是美国人追求梦想的力量。这些是根本无法复制的，也是无法真真正正触及的。前面讲过，只要在品牌中赋予情感，人们就会试图依附其中。但是情感是一种抽象的东西，所以品牌被赋予了情感，就成了水中的月亮和海市蜃楼般的存在。你永远也无法触及它。但是，这种情感的塑造一旦成功，品牌就具有了不可替代性，同时也会让消费者产生依赖。

品牌上瘾就好像基督徒每周做礼拜一样，习惯性地依赖到教堂祷告来得到心理慰藉。同样地，如果不带孩子们去麦当劳，就感觉不能给他们更多的快乐；如果不去星巴克，你就感觉自己生活得乏味、枯燥、没有意思；如果你不喝可口可乐，就感觉自己

第二部分
瘾品化的三要素

离梦想越来越远；如果你开不上奔驰车，就会感觉自己离真正的幸福还很远。品牌的力量就在于此。它让你感觉自己离美好、完美的生活就差一点，就差一杯星巴克咖啡那么一点，就差一瓶可口可乐那么一点，就差一个麦当劳汉堡那么一点，就差一部苹果手机那么一点。品牌会让人们得到心灵慰藉，所以才有真正的依赖和执迷。

4. 成为"造神者"——人们认不出事实，只能认出情感

很多时候，人们认不出事实，只能通过事物的形象中蕴含的情感来认出对象。在生活中，谁也不可能为了买瓶洗发水，而去了解它的制造工艺，也不可能为了买辆车，去学习汽车的制造和运作原理，更不可能为了认识一个人去查他的家族史。人们对大多数事情都所知甚少。关键是大脑也懒得去花时间了解这些。

《华盛顿邮报》的记者吉恩·温加藤，曾在华盛顿地铁站策划组织了一个小实验。他让世界顶尖的小提琴演奏家乔舒亚·贝尔，装扮成一个街头表演者，以此来观察行人的反应。乔舒亚·贝尔穿着牛仔裤和长袖 T 恤，戴了一顶棒球帽，把小提琴的盒子放在地上，还在里面放了一些零钱。

成瘾
如何设计让人上瘾的产品、品牌和观念

你猜会有人认出他吗？人们会感觉他演奏得好吗？会给他更多钱吗？结果让人大失所望。在他演奏的40多分钟里，从他身边走过了上千人，只有一个女人认出了他，并给了他20美元。最后，他一共收到了32美元。可见，大家都把他当成了一个普通的街头艺人。大家不但认不出他是著名表演艺术家，也认不出他手里那把价值不菲的小提琴。

这个社会实验证明，大部分人都认不出什么是高超演奏。人们只有花几十美元到音乐厅去，才能认出他演奏得好。这在很大程度上，是出于对票价和音乐厅环境，以及音效灯光营造的氛围的情感认知。

类似这样的研究有很多，结果基本都一样。其中有一个实验，是让著名球星克里斯蒂亚诺·罗纳尔多装扮成一个老头，在繁华的闹市街头秀球技。结果竟然也没有人能认出他。其实不是人们认不出这些名人，而是认出了街头艺人和老头的形象。也就说，形象中的情感有优先启动大脑的功能。

在现在的小学课本中，有一篇课文叫《孔子拜师》。孔子从曲阜到洛阳去见老子，一路风餐露宿，几个月后，终于到了洛阳。在城外，孔子看到一辆马车，旁边站着一个七十多岁的老人，身穿长袍，头发胡子全白了，看上去很有学问的样子。孔子

第二部分
瘾品化的三要素

心想这恐怕就是我要拜访的老师了吧。于是上前行礼，问道："老人家，您就是老聃先生吧？"老子就纳闷地问："你是？"老子很是不解这位风尘仆仆的年轻人是怎样一眼就认出了自己的。孔子连忙说："学生孔丘，特地来拜见老师，请收下我这个学生吧。"

看到这里我问大家，孔子从来没有见过老子，他是怎样认出老子的呢？孔子看到一个身穿长衫、白头发、白胡须的老人，看上去很有学问的样子，便认为这就是老子。孔子真的认出了老子吗？没有，他认出来的是对有学问的人的形象。他认为有学问的人应该是穿长衫、白头发、白胡须的样子。所以，他认为站在马车旁的就是老子，于是便迎上前去和他搭话。

生活中人们的认出感，更多来自于认出了事物的形象，而不是认出了事物本身。人们的大部分反应，都是对自我心中形象的反应，而不是对事实的反应。人们知道的、认出的，都是自我心中的形象，是大脑情感化了的形象。这里的形象并不是纯粹的形象。这就好比人们认为戴眼镜、谈吐文雅、文质彬彬、衣冠整洁的人，就是有学问的人。如果没有这些形象，人们就看不出一个人是否有学问。因为我们无从考验他人到底有多大能耐。即便我们找到一些有关他人的作品和资料，但那也仅仅是他形象中的一部分。另外什么是学识呢？学识不也是一种形象吗？不也是给人贴上的一个标签吗？孔子听说老子很有学识，给老子贴上了一个标签。他只是认出了这些标签，就认为认出了老子。人们能够认出和理解某种事物，靠的就是情感化了的形象。大脑情感化这个世界都是为了让这个世界容易理解、可以掌控、更稳定更加高效地为我所用。

小到一瓶洗发水、一杯咖啡、一部手机，大到一个伟人、佛、上帝、神，人们都是靠情感化的形象认出它们的。实际上，人们认不出品牌，只能认出与品牌相关的情感化的形象。在品牌中，人们完全是靠与品牌相关的信息背后带有的鲜明情感认出品牌的。如果信息背后没有代表的东西，就只是一个符号，毫无意义的符号。

5. 成为"造神者"——瘾品是情感化的形象

形象蕴含着情感，情感可以通过形象来表达。这就意味着我们可以通过操控形象来传达情感，这意味着你可以操控这个世界。

品牌营销大师马丁·林斯特龙，也做过一个实验来测试人们的反应。他找来一个普通的女孩，让专业的造型师为她做了全新的造型。女孩有了一个时尚的发型、漂亮的外貌，再让她穿上紧身皮裙，搭上高级皮靴，配上香奈儿的手提包，还戴上一个超酷

第二部分
瘾品化的三要素

的大墨镜，整个人看上去就像一个大明星。

然后，给她安排了一群随从和保镖，还有摄影师，让她牵着一条迷你狗走在第五大道的大街上。马丁·林斯特龙安排她在一些百货公司的橱窗前放慢脚步，让摄影师尽情地拍照。结果奇迹出现了，不知从哪里冒出来的人们开始围观。这种情景就好像在围观一个大明星一样。更加离谱的是，不少人确信以前见过她，还争相和她拍照。

马丁·林斯特龙的这个实验表明，打造一个名人就是这样简单——给她搭配上昂贵的装饰、深色的墨镜、高档的服装、名牌的鞋子、一条迷你狗，人们就会认为她是一个名人。马丁·林斯特龙认为，如果我们那么容易就能打造出一个名人，那么我们究竟是谁就并不重要了，重要的是我们在周围的人面前所穿戴的品牌。

人们对形象是直接做出情感反应的。情感是大脑的触发器，只要信息中带有鲜明的情感，当大脑关注到信息的时候，大脑就会直接反应："哦，我知道那是什么。"这种认出的自我感，会在无意识中激活大脑，让人们自动做出判断。深色墨镜、发型、随从、狗仔队、迷你犬，这些带有鲜明情感的符号和形象，被大脑注意到后，就会简单地把它们放在一起，制造出一个形象——名人。而街头、放钱的琴盒、牛仔裤和长袖T恤、棒球帽，这些信息则制造出另一

成瘾
如何设计让人上瘾的产品、品牌和观念

个形象——街头艺人。打造一个名人和一个街头艺人就这么简单。

掌握了缔造世界的模式，我们甚至可以轻易地打造一个神。电影《我的个神啊》中，主角 PK 为了证明人们是可以被打造的，就在众人面前展示了一下他的这种神奇的力量。他捡了一块长条的大石头，把它立在一棵大树下，然后在上面涂了点红色的颜料，在石头前放了一块石板，上面撒了一些零钱，接下来就是见证奇迹的时刻了。慢慢地，开始有人在石头前放零钱，磕头祷告。接着来朝拜的人们络绎不绝。人们认出了心中神的形象，于是纷纷磕头跪拜。高的大树、竖立的长石头、石头上的红色、石板上的零钱等，这就是人们认出的神，也正因这些形象带有神秘、强大的情感，神的存在才得以表达和显现。这就是人们心目中的神——是一种情感的存在。

在人们眼中，穿着意大利西服、拎着 LV 手提包、戴着劳力士手表、开着宝马轿车，就是有地位和有实力的表现。而穿罗蒙西服、戴海鸥手表、开现代汽车，就是工薪阶层的象征。如果你看到一个小男孩抱着布娃娃，一定会感觉他不正常。也正因为这个世界被大脑固化和情感化了，我们才可以打造出一个带有鲜明情感的品牌。首先，要确定你要打造一种什么样的品牌情感，是智慧的、正直的还是时尚的、简单的、豁达的等。接下来，我们就可以通过情感化的形象来表达它。品牌化的过程就是使品牌可

第二部分
瘾品化的三要素

视化、可操作化、可感知的过程。

星巴克为打造智慧、时尚、小资的品牌情感，可算是煞费苦心。就像星巴克的 CEO 舒尔茨说的那样："星巴克每个店面的装饰和格局都是经过精心设计的，顾客在店里看到的、接触到的、听到的、闻到的或者尝到的每一样东西，都有助于加深他们的品牌印象。所有的感官刺激，都必须符合同样的高标准。那些艺术品、音乐和香草，外在的一切信息都在体现着星巴克咖啡的魅力；这里的每一样东西都是上档次的……"星巴克做的这一切，都是在打造一种鲜明的情感，都是为了给消费者留下美好的体验，让那丰富的情感线索与美好的体验产生记忆联结，让人们想到那饱满充盈的咖啡香味，想到那音乐醉人的旋律，就会有种想要再次体验的冲动。杜克大学福库商学院和加拿大滑铁卢大学一起做了一项有趣的研究，他们发现对于那些非常成功的品牌，哪怕是转瞬即逝的接触，也能让人们感受到该品牌所拥护或所代表的行为——核心情感，比如苹果、星巴克、奔驰等的大品牌。

6. 七十二变——让情感一以贯之

瘾品化首先要做的就是将品牌进行情感化。情感化就是品牌塑造的整个过程，比如产品设计、包装、广告文案、营销模式、售后服务等，都必须围绕核心情感展开。情感化就是要让品牌或者产品的核心情感渗透到与品牌相关的方方面面。一定要记住的是，打造品牌的所有行为都是在变相地将这种核心情感变得可视化、可触碰、可操作、可感知、可理解等，也就是让消费者感受到品牌表达出来的核心情感。由于情感化，不管怎么变都是围绕核心情感展开的，这与孙悟空的七十二变很像，不管他怎么变最终都要回到他的真实模样。所以把这个环节称为"七十二变"。

设计出带情感的产品

香奈儿之所以成为高端的国际品牌，很大程度上是因为它对品牌情感始终如一的追求。香奈儿崇尚自然舒适的风格。它推出了针织衫、套头毛衣、女裤等全新概念的女装，改变了过去女装过于艳丽浮夸的风尚。自然舒适的风格把女人从紧扎的束腰和走路不便的大裙摆中解放了出来。这些都符合香奈儿追求自然、舒适、简洁的风尚。香奈儿追求这样的风格是因为它想挑战传统，试图把女性从传统的束缚中解放出来的情感。香奈儿创造过许多经典产品，它之所以能创造如此多的经典产品，是因为它时刻都在表达自我的一种情感。而这种情感成了香奈儿品牌的核心情感。所以，在设计一款产品的时候，设计师一定要知道自己要表达一种什么情感，同时这种情感要与品牌的核心情感相契合。

第二部分
瘾品化的三要素

无印良品的品牌理念是简洁、质朴、舒适,它拒绝品牌崇拜,直抵生活本质。所以,无印良品的衣服上没有品牌标签。其服装设计始终围绕黑白灰蓝等天然色系展开;设计中很少添加夸张、抢眼的图案;款式只有那几种样式。无印良品遵循一种质朴本真的生活态度。无印良品的创始人堤清二认为无印良品是一种反体制的品牌,它注重商品的真正价值,忽略一切过剩的修饰和装饰。这是商业过度发展后,人们回归理性消费的必然趋势。反对过度商业回归产品本真价值这样的核心情感,是无印良品能够扎根消费者内心的核心情感。

包装设计要带有情感

可口可乐激情、活力、青春的核心情感,在产品的包装中得到了深刻的展现。可口可乐的包装都采用红色调设计,能带给消费者强烈的感官刺激。品牌情感可视化的过程中颜色发挥的作用是非常大的。可口可乐采用代表火热和激情的红色传达品牌的核心情感。IBM 的核心情感是信赖、科技、智慧,在其品牌可视化过程中就围绕代表深邃、冷静、智慧的蓝色设计包装和产品。这些品牌通过选择与品牌情感相匹配的颜色,来作为可视化语言传达品牌情感,无疑是一种非常有效的方法。

另外一点就是借助富含品牌核心情感的形象和素材来设计产

品包装。中华牙膏一直采用华表、红太阳、天安门形象来设计其包装。这些元素都带着一种积极的民族情怀。这样的设计元素很好地表达了产品的核心理念——积极、自信、乐观。

给产品取个带情感的名字

产品的名字最能直接地传达出情感的信息。为了让没有扶手的护理椅更好地被消费者记住，宜家的创始人坎普拉德为椅子取了个好记的名字——露丝。这个想法让椅子畅销了。从此，为每一件家具取名字就成了宜家的一种传统。名字会让产品带有鲜明的情感。"露丝"是个女孩的名字，人们听到这个名字就会想象到一个妙龄少女的形象。这是一种美好的象征，带有一种正面的情感。

让人们成瘾的品牌和产品中一般都带有积极正面的情感。而如果产品的名字带有负面的、调侃意味的情感，也许会受到一些人欢迎，但是不会受到大多数人的喜欢。锤子科技的"锤子"和其旗下的产品"子弹短信"这两个名字均带有一丝调侃意味，给人的第一感觉并不是很好。锤子和子弹在人们心中都是具有攻击性和破坏性的物品，都带有一些负面的情感，不会让人们联想到美好的事物。所以，"子弹短信"迫不得已改成了"聊天宝"。

第二部分
瘾品化的三要素

服务中如何体现情感

零售业一直在谈消费升级。但是，对很多商家来说根本只是个口号而已。零售的升级其实就是服务升级。为了体验线下消费的升级，我经常到一些线下的商店买东西。首先我们来看退换货的服务。我记得在一家连锁店给女儿买过两把皮筋，回去一用发现有一把不适合她的头发。第二天，我便拿着皮筋去换。我刚开口说明来意，服务员就说我们这里是不退不换的。我说："购买凭条上写着15日可退换货。"她接着说："那你只能等会儿了，我说了不算，店长去洗手间了。"我等了十多分钟，店长回来，她看到店长就说："这位先生要换东西，我告诉他不能退换的。"反而店长一句话也没有说就给我换了。

而沃尔玛能做那么大是有原因的。我也在沃尔玛退换过产品。服务员只问一句话："您为什么退或者换？"然后就开始办理退换货手续。有一次，我遇到一个老太太端着半盆一段段的带鱼来退。服务员问她为什么要退。她说："回去洗净、切好了准备做的时候，闻到鱼有臭臭的味道，感觉不新鲜，所以我想要退货。"服务员还是什么也没有说便给她退了。这就是沃尔玛的服务。

我们通过研究发现，提供好的服务很简单，只要把握一个原

成瘾
如何设计让人上瘾的产品、品牌和观念

则就能俘获顾客的心。这个原则就是不能让顾客产生心理波动。商家提供的服务不能让顾客产生负面的心理波动。前面例子中那个店员一上来就说："我们是不退不换的。"这就会让顾客瞬间产生负面情绪，感觉自己被不公平对待了。而如果店员直接说："您稍等，店长一会儿回来给您办。"这样的回应就不会让顾客心中瞬间产生负面的情绪波动，顾客就会在心平气和的状态下享受到退换货的服务，从而建立顾客对品牌的信赖。

下面来看一个瑞幸咖啡的案例。APP下单时是根据现在的所在位置，来为你匹配取餐的店面的。如果你一不留神选错了。到了店里发现，你并没有把订单下到这个店里。店员会告诉你："没有关系，你可以在APP上取消掉，再在这里重新下单。"到这个阶段你是不是感觉他们的服务还是好的？但是在你操作的时候，客服会先问你为什么取消，你告诉他无意间下错了地址。如果商家的规定是可以取消的，客服就不要再说什么废话，直接给用户取消订单即可。这时用户心中就已经体验到了商家的优质服务，因为这个过程没有让用户产生负面的心理波动。

但是，客服偏偏就是怕你感受不到他们服务的好，会多说一些废话。当你说完取消订单的原因后，客服会说："您好，您的订单已经是【已完成制作】状态。"你看到这句马上就会心中一震，怎么不能取消吗？ 你瞬间就会进入和客服理论反驳的状态，

第二部分
瘾品化的三要素

当你再往下看，客服说："不过没关系，此次小鹿会特殊申请为您操作取消，该订单的费用、饮品券、优惠券会原路返回至您的账户中，建议您再次下单时注意变更。"你发现原来虚惊一场，这就是让用户的心中有了负面的波动。这种服务品质就不到位。

客服一定要记住，没有人愿意故意制造麻烦。只要顾客提出的是规定之内的要求，没有必要说那些送人情的话。要像沃尔玛那样，说出理由就行，不再追问，不要说送人情的话。一旦客服表现出为顾客的行为做了努力和难为情，就会让顾客感觉自己做错了，自己提出了过分的要求，是自己给商家在添麻烦。这会大大降低对服务的体验。

让顾客产生负面心理波动的还有一种状况，顾客在挑选货物的时候，有些问题想问，但是看到服务员在彼此聊天或者玩手机不敢上去问，怕店员不耐烦。顾客想问的时候心中犯嘀咕，就是有了负面的心理波动，这也是不可取的。关于无心理波动的服务体现在用户体验的方方面面，品牌要下功夫才能真正做到。但是一旦做到这一点，商家的服务就会是最吸引顾客的体验。

产品的陈设是否带有情感

产品的摆放和陈设方式也是充分表达品牌情感的方式。在优衣库的门店里，店员始终要将货架上的衣物摆放得整整齐齐。顾客刚放下手中的衣物，店员就要把衣物重新叠好，整齐地摆放在货架上。因为摆放得整齐、美观会让人们感觉产品品质优良，不会有残次品。

残次品一定不要摆在货架上。在我办公地点附近有个很有名的连锁日用百货店。一次想给孩子买双手套，但是货架上只有一双了，而这双还是有一处抽线的残次品。我就问店员还有没有，店员说没有。当选中一件自己中意的产品，而没有货是什么感觉？会增强对产品的执念。于是我隔两天又去看了看，还是那件残次品挂在那里。时隔一个月，我再次走进那家店发现那双抽线的手套还在那里。残次品和断码货不要摆出来就是怕消费者看上，而又买不到。这会大大放大消费者对商家的负面情绪。

无印良品店铺的陈设是严格地遵循品牌的核心情感的。其货物严格遵循从左到右、由浅入深、从大到小的陈列标准。无印良品与其他品牌陈列方式不同的是，它是根据产品大小和性质来定制货架，并确定陈列的方式和道具的。这样的陈列方式让顾客直观地感受到产品放进自己的生活情境的状态。

7. 七十二变——打造易感的线索

要想打造超级瘾品还需要在打造用户易感线索上多下功夫。

第二部分
瘾品化的三要素

易感线索是那些带有鲜明情感，容易唤起用户对瘾品渴望的线索。同时，易感线索还是能直接启动用户直觉决策模式的线索。这些线索让人们在无意识中对事物做出好坏的决策，从而产生靠近还是远离的行为。研究表明，大脑的奖赏回路会直接回应那些带有鲜明情感的线索。这就意味着这些线索对大脑有优先的控制权，在不知不觉中大脑就被牵着鼻子走了。

电影《一个购物狂的自白》中的一个情节很有意思，购物上瘾的丽贝卡参加了一个戒除购物上瘾的沙龙。她一脸幸福地说："买东西的感觉太好了，模特身上丝绸的光泽，意大利皮鞋的味道……"旁边一个购物成瘾的男士，一脸痴迷地抢着说道："意大利皮鞋，那真是太棒了！"另一个成瘾者补充道："闻到它的味道，那种冲动就爆发了，刷了卡它就属于自己了！"丽贝卡接着说："你买到什么的时候就会感觉非常快乐，购物就是天堂。"这些购物上瘾的人，说到购物经历的时候，都是一副陶醉、痴迷的样子。结果他们几个没聊几句就倍感兴奋，个个都蠢蠢欲动地想要跑去买东西。本来是个戒除购物上瘾的沙龙，结果却成了唤起大家购物欲望的沙龙。最后大家再也聊不下去了，纷纷起身跑去购物了。丽贝卡跑回家，费了九牛二虎之力，终于砸开了一大坨冰块，拿到了冻在里面的信用卡，疯了一样地跑去买包包。

电影中，当丽贝卡说到丝绸的光泽、意大利皮鞋的味道时，

成瘾
如何设计让人上瘾的产品、品牌和观念

瞬间就点燃了瘾客们的购物渴望。这些都是瘾品所带的易感线索。这些线索会唤起人们的欲望，唤起人们接触瘾品的冲动。不管是感官还是心理上的线索，都会引发人们对瘾品的强烈渴望，比如气味、情景、声音、画面、情绪，甚至是与瘾品相关的人等。

打造易感线索重要的是在线索中带有非常鲜明的情感，让人们一接触到就被吸引，就想尝试和拥有。可口可乐在这方面就做得很好，可口可乐的广告就在放大那些容易唤起消费者喝可乐欲望的线索，比如打开瓶盖时瞬间发出的"扑哧"声，喝可乐时打嗝时"哦"的声音，打开瓶盖后迅速溢出的泡沫，还有喝可乐时，人们脸上洋溢的幸福微笑，以及和朋友一起分享时的快乐等。这些鲜明的易感线索都能瞬间启动消费者的大脑，让消费者感到某种美好的感觉，这种美好的感觉促使人们对可口可乐产生强烈的渴望。

有些豪车品牌在打造汽车的时候会反复设计汽车加油时发出的"咆哮声"。因为这样的线索可以直接对人们进行性唤起。一项研究表明，女性在听到法拉利、兰博基尼这样的豪车加油时发出的"咆哮声"时，100%的女性被试的睾酮水平出现了飞速的飙升。但是，普通汽车的引擎声就没有这样的唤起效果。那些小型的、普通汽车的引擎声甚至会让睾酮水平降到正常水平以下。这就是豪车引擎声的魅力所在，而这些声音就是品牌精心设计的易感线索。

第二部分
瘾品化的三要素

那么这里有个问题，是易感线索引得人们上瘾呢，还是人们上瘾后容易被易感线索引发欲望呢？我看两者都有。

我们小时候看到大人们喝酒，感觉酒是很好喝的东西。这其中最重要的原因是，大人们喝酒的时候总是一脸陶醉的样子，他们端着小酒盅"吱"的一声吸进嘴里，一口下肚，然后又满足地发出"啊"的声音。他们这一连串的动作和反应，让小孩子们情不自禁地把酒想象成了一种非常好喝的东西，感觉喝起来会非常过瘾，所以也非常渴望去尝试它。当你长大后第一次喝酒的时候，一定感觉大失所望，不由得感叹：怎么这么难喝？为什么看上去那些大人们那么享受呢？但是失望归失望，我们以后还是会尝试着像大人们那样去喝酒，去用力地品味其中的好。人们生怕是因为自己不懂，而错过了其中的美好。结果是，当你学着别人的样子，端起小酒盅"吱"的一声，把酒一口下肚，然后发出"啊"的声音时，你也会感觉酒好喝了，喝得很过瘾。其实这是易感线索启动了你的自我意志。后面的部分我们会重点和大家分享成瘾中最核心的一种元素——自我意志。易感线索中蕴含的正面情感会扩散到品牌中，由此人们对品牌和产品产生好感，这都是人们的自我意志在发挥作用。所以，产品在使用中打造了情感鲜明的易感线索，这很容易让人们对产品和品牌成瘾。

另外，神经学家让可卡因成瘾者描述可卡因的使用方法或者

成瘾
如何设计让人上瘾的产品、品牌和观念

看到与瘾品相似的白色粉末,结果发现这些易感线索诱发了可卡因成瘾者的渴望,同时激活了他们成瘾的相关脑区。这说明人们对药物的想象、描述,或者提及和药物相关的事情,都会刺激人们对药物的渴望,而不用直接把药物放在他们面前,或者让他们服用。所以,易感线索也很容易诱发成瘾者对瘾品的渴望。

大脑为了下次快速、准确、高效地体验到正面的感觉,始终在寻找与正面感觉相关的各种线索。所以,大脑会在愉悦感与随之产生的感觉线索和情绪状态之间建立联结。美国著名的神经学家大卫·林登博士就指出,人类的愉悦回路与大脑中做计划决策以及管理情绪和储存记忆的神经中枢交织在一起。每当人们获得某种愉悦的体验时,就会把外界的感觉线索,比如画面、声音、气味等,和内在的感觉线索,比如当时的想法和感受,联系在一起。然后,人们会借助这些线索来预测下次怎样才能获得类似的体验。人们对瘾品的强烈渴望,与人们在接触瘾品时体验到的强烈和持久的感觉记忆有关。在沃尔弗拉姆·舒尔茨的实验中,猴子在绿灯闪烁与果汁流出之间建立了关联后,绿灯闪烁就能直接激活猴子大脑的多巴胺分泌。这就是与果汁相关的线索,激活了猴子的欲望。任何与瘾品有关的外界线索和心理线索,都会激活那些与瘾品相关的记忆,从而唤起人们对瘾品的渴望。

第二部分
瘾品化的三要素

8. 成瘾是超越竞争的品牌逻辑

品牌成瘾是一种超越竞争的品牌逻辑。一旦品牌成瘾，品牌在用户心目中的高墙就会立起来，其他品牌要想进入将是非常困难的事情。

成瘾，首先表现出来的是耐受性，也就是对瘾品的需求变大，需要获得更多瘾品才能体验到快感。在这种情况下，只有获得大量的瘾品或者大量重复某种行为，才能达到与之前同等程度的正面感觉。如果一个人对名牌服饰产生了耐受性，那么之前他只要穿一双名牌的鞋子就会很开心，现在就需要从上衣到裤子，乃至内裤和袜子，都穿成名牌才能获得同等的快乐。

一个品牌成为用户心中的瘾品后，用户会渴望用与品牌相关的更多产品。由于无印良品的品牌情感塑造得非常成功，导致喜欢上这个品牌的用户，渴望用它的其他产品。用户渴望自己的生活被无印良品的产品全覆盖。正因用户有这样的需求，无印良品产品才涉及生活的方方面面。比如你可以睡无印良品的床，盖无印良品的被子，穿无印良品的衣服，用无印良品的化妆品，吃无印良品的食物等。这样一来其他品牌的产品就很难再进入用户的生活。这就是一旦用户迷恋上某个品牌就会需要更大的量、更高的标准才能满足其心理需求。

成瘾
如何设计让人上瘾的产品、品牌和观念

另一方面，一旦对某些事物上瘾，人们就会对愉悦感的获得产生排他性。平日里那些能够让人们开心快乐的事情，就不能再让人们轻易地从中体验到快乐。

在品牌成瘾中，成瘾后的排他性是品牌获得软壁垒的关键所在。品牌成瘾后用户会只用该品牌的产品，看不上其他的品牌。比如你对苹果的品牌上瘾后，其他品牌的产品就难再入你的眼。只有用苹果的产品，你才会感受到快感。这就是为什么有些人只喝可口可乐，而不喝百事可乐，有的人只穿耐克而不穿阿迪达斯等的原因。品牌成瘾其实就是在无形中构建品牌在竞争中的软壁垒。

成瘾后人们对瘾品产生深度依赖。这种依赖表现为一旦戒断（停用）就会非常痛苦。成瘾的依赖性的生理症状，表现为恶心、发冷、出汗、痉挛等。很多时候伴随生理症状同时出现的，还有一系列的心理症状，如抑郁、易怒、注意力无法集中等。如果是对名牌产生依赖，就会表现为没有名牌加身，就不想出门，就会感到自卑和不自信。比如没有苹果手机，你就不好意思在朋友面前拿出手机，没有名牌礼服，你就感觉没有面子出席晚宴。人们对品牌成瘾，更多是为了避免自我感觉糟糕的心理，更多的是在抗拒自己。依赖让品牌深深地根植于用户的大脑之中。

第五章
瘾力源自"意志"

1. 想要而不是真正喜欢

大部分人会认为,不管是毒品上瘾,还是食物上瘾,又或者是购物上瘾……都是成瘾对象本身让人们感到愉悦,人们喜欢自己沉迷的对象。其实这种观点是错误的。成瘾是人们强迫性追求成瘾对象和行为的结果。很多时候人们并不真正喜欢自己沉迷的对象和行为。

成瘾
如何设计让人上瘾的产品、品牌和观念

在前面提到过的电影《一个购物狂的自白》中，购物上瘾的丽贝卡，想尽一切办法，要戒掉自己购物上瘾的坏习惯。她把自己买来的大部分衣服都封存了起来，因为这些东西她大部分都用不到，一看到它们还会刺激自己的消费欲望，这不利于戒除购物的瘾，所以还是藏起来比较好。她还把自己的信用卡冻在了一个超大的冰块里。要想拿到信用卡，她需要费半天劲才能把冰块凿开。这样她就不会那么容易拿到信用卡，就有可能戒掉自己购物上瘾的坏习惯。其实到了这个阶段，她已经不能从购买的产品中体验到快感了，而是对购物的一种无名的冲动和执念在左右自己，她很不喜欢自己这个样子。而且更加重要的是，即便她控制不住又买了东西，回过头来看着自己购买的东西，不仅没有快感，还会产生一种罪恶感和自责感。她非常痛恨自己，恨不得把自己的手给剁了。当下流行的网络名词"剁手族"，就是网购成瘾的网友们的一种自嘲。从这个词也可以看出，人们是多么痛恨自己疯狂购物的这种行为。这时候人们还喜欢购物吗？还能从购物中体验到快感吗？从人们的行为来看，答案是否定的，不然就没有"剁手族"这样一群人了。购物成瘾的人，从理性的角度来说很多时候并不喜欢那些名牌产品，他们知道那些东西不值那么多钱，自己也不是真的需要，但他们就是不能控制自己不去购买。这是因为面对成瘾的对象，人们欲罢不能的行为更多是受制于人们的自我意志，而不是事实，是人们的自我意志让理性失控

第二部分
瘾品化的三要素

造成的。

举一个我身边的例子吧。一个朋友的父亲吸烟成瘾,每天两包烟。家人知道他身体不好,肺部还有一些老毛病,很多年来一直劝他把烟戒了,哪怕少吸一点儿也好。可他就是戒不掉。他也知道吸烟不利于自己和家人的身体健康,也知道家人嫌弃他抽烟,可是烟瘾上来的时候他就坐立难安,就情不自禁地去掏烟。他自己也不喜欢这样,但就是戒不掉,动不动就想抽一根。其实烟民们都知道吸烟有害健康,烟盒上也写着"吸烟有害健康",但是他们总是想吸烟,总是能找到一个吸烟的理由。从以上这些成瘾者的表现来看,能说他们喜欢这样吗?当然不能,要不然就不叫上瘾了。

在使用瘾品的时候,不能再体验到愉悦感,而且你也并不喜欢它,但是就是想去使用瘾品,而且是非常想。"非常想要,但是并不喜欢"这种很奇怪的感觉,如果不是我亲身体验过,还真的无法理解。在十多年前,一个朋友带我去一家餐厅吃饭。他说那里的菜很好吃。起初我也感觉味道还不错。当我吃过两三次后,感觉这家餐厅像是有种神奇的魔力一样吸引着我,特别是其中的三四道招牌卤菜,让我很想吃。当我在欲望的驱使下再次去吃的时候,仔细地品味了一下,发现并没有什么特别的味道,反而感觉很一般。但是我为什么就是那么想吃呢?现在十几年过去

成瘾
如何设计让人上瘾的产品、品牌和观念

了,这家餐厅我还是不能想,只要一提到它,就有一种非吃不可的感觉。

成瘾有三个阶段。第一阶段会让人出现耐受性——需要更多的量,才能体验到同等的快感。第二阶段会产生依赖性——依赖瘾品获得快感,成瘾对象绑架了人们的快乐。第三阶段会产生强烈的渴望——想要去消费,想要去吸烟等,也就是"想"的欲望和执着本身,占据了主导地位,不买东西、不吸烟就浑身不舒服。这个阶段还伴随着强烈的心理斗争,在斗争中人们的理性也会被欲望麻痹,在这个时候欲望彻底地占据了上风。到这个阶段,随之而来的是成瘾对象和行为带给人们的愉悦感和快感的消失。

很多研究证明,人们一旦对某些事情成瘾,愉悦感就会被抑制,就不能再从瘾品中获得快感。这时候取代愉悦感的是人们的欲望。所以,生物学家就认为:吸毒成瘾者更多的是想要吸毒,而不是喜欢吸毒。他们并不喜欢那样,而且是真的不喜欢那样,也真的不喜欢那些东西。但是,他们的理性无法占胜自己的欲望。他们就是想要,强烈地想要,强迫性地想要。

之所以会出现这样的状况,最根本的原因是想要和需要是可以分离的。神经学家们刺激老鼠大脑的某些区域,可以让老鼠想

第二部分
瘾品化的三要素

要吃东西,但是并不表明老鼠喜欢吃,或者是真的饿了需要吃。由此可以看出,想要和喜欢在某种情况下是可以分离的。就好像我们想要做出的选择,和实际做出的选择是不一样的,是分离的。也就是说,人们的理智已经不能控制自己的大脑,大脑会自动做出选择,也就是成瘾导致了想要与需要的分离。成瘾后,人们更多的是想要,而和想要的对象和行为没有太大的关系。它和人们的一种心理活动过程有密切的关系,那就是自我意志。自我意志是人们产生成瘾行为的核心动力,它也是让人们丧失理智的根本原因。

2. 赐予你力量的多巴胺

人们想要的执念是如何控制了人们的大脑的呢?人们想要的执念,是通过不停的心理活动得到增强,而最终产生再来一次的行动的。这就像一位男士忽然产生了一个想要去见女朋友的念头。可是,又一想今天还有很多事情要做根本走不开,便打消了去见女朋友的念头。但是,如果这时他想到和女朋友在一起时温存甜蜜的情景和画面,就有了不顾一切想去的冲动。他便会放弃手头的事情,跑到几十公里之外的地方和女朋友约会。这其中发生了什么让他的一个想法变成了行动呢?那就是在他想象与女朋友的亲密画面时,大脑中的多巴胺增加了,最终促使他采取了行动。

成瘾
如何设计让人上瘾的产品、品牌和观念

这里我们不免会问,多巴胺不是人们获得愉悦感的来源吗?怎么会与人们的行动力扯上关系了呢?多巴胺的确可以让人们体验到快感,同时与警觉和动机也有着密切的关系。研究发现,对老鼠的基因进行编辑,让幼鼠一出生大脑中就缺乏多巴胺。结果发现,幼鼠既不会移动,也不能正常进食,完全没有行动的能力,在出生四周后就会死掉。研究还表明,多巴胺在很大程度上是人们产生行动力的"燃料",没有多巴胺人们连行动的能力都没有。帕金森病是一种以活动困难为主要特征的疾病。病人们往往弯腰驼背,行动缓慢。其原因就是大脑中缺失多巴胺,也就是大脑中不能正常地释放多巴胺,导致病人运动困难。

面对瘾品人们能不断地产生再来一次的行动,这和大脑中多巴胺分泌增强有密切的关系。多巴胺的增强都指向一个目标,就是瘾品背后的感觉。多巴胺增强的过程就是人们实现和完成目标的意志得到增强的过程。多巴胺的增强目的是让人们最终采取行动——再来一次。那么,行动意志的增强就是多巴胺在增强,要想让人们大脑中多巴胺增强,就要明白人们的意志是怎样增强的。

对于一般的瘾品,只要让大脑围绕瘾品实现意志增强就能产生"再来一次"的冲动,比如毒品、烟酒等。但是,品牌和产品成瘾中要想产生"再来一次"的行为,就需要让人们的自我意

第二部分
瘾品化的三要素

志得到增强。那么,什么是自我意志呢?首先我们来看什么是意志。举个简单的例子,当你的朋友给了你一块蛋糕。你咬了一口。朋友问你甜吗?你说不甜。其实它是真的不怎么甜。你的朋友说怎么可能呢?你再尝尝。于是你又咬了一口,用力地去体验其中的甜。这时候你尝蛋糕的行为就带有了意志——渴望体验到其中的甜。你渴望感受到其中的甜,就是大脑中产生的意志。由于这次你的目标明确是冲着"甜"去的——渴望体验到其中的甜。这时只要你在这口蛋糕中感受到一丝丝甜意,会马上认为"甜"。这时的甜还是蛋糕的甜吗?当然不是了,而是你对甜的渴望本身,你的执念和意志本身。

通常情况下,意志的产生会伴随着自我意志的产生。当朋友对你说:"怎么可能,你再尝尝。"这时你会想:"我怎么没有感觉到其中的甜,是我自己有问题吗?"接下来你再去尝的时候,不但有了体验到甜的渴望,同时还有了证实自己是可以体验到其中的甜的渴望。这种渴望让人们感觉自己是个正常人,是能够感受到别人感受到的东西的。这时这种渴望指向的是我是个怎样的人。所以,这时人们的渴望中就有了自我意志。自我意志是一种人们体验"我"是怎样一种存在的渴望、欲望和执念。

3. 自我掌控的意志是一剂瘾药

我喜欢在电脑前一边工作，一边喝咖啡。咖啡杯就放在鼠标旁，所以我经常会不小心碰到它。有几次我的胳膊把杯子推了下去。但是就在咖啡杯坠落的一瞬间，我猛地一伸手就能抓住空中的杯子。抓住的那一瞬间，我心中真的是很窃喜的。我一直很佩服自己，怎么能那么快、那么准地抓住它呢？如果你问我，这一切都是怎么发生的，我为什么会如此迅速地抓住掉落的杯子。我一定会说，因为我看到杯子掉了下来，然后便伸手去抓。这恐怕也是每个有类似经历的人做出的回答——因为看到，所以行动。

但是这个每个人都会给出的标准回答是错误的。并不是你先看到杯子要落到地上，再伸手去抓杯子。而是你先有了抓住杯子的行为，然后才意识到自己做了什么。你在意识到杯子掉下来之前，就抓住了杯子。这个行为发生的时候，你并没有意识到自己在做什么。整个过程无须大脑意识系统的参与，纯属反射动作。这个行为发生之后的几秒钟，你才去解释发生了什么，以及自己为什么那样做。你会解释："哦，我伸手去抓杯子，是因为我看到杯子掉了下来。"但事实与你的解释恰恰相反。

美国认知神经学家迈克尔·加扎尼加，是全球著名的脑科

第二部分
瘾品化的三要素

学家之一。他认为，人们对抓住杯子的解释，是在对过去发生的事情进行虚构叙述，是来自意识系统事后的解释。迈克尔·加扎尼加在这个领域做了一系列的研究。这项研究要从"裂脑人"开始。

那么什么是裂脑人呢？从20世纪40年代起，科学家对药物治疗无效的癫痫病人，进行了胼胝体的切断治疗，结果发现癫痫病发作居然停止了。正常人的大脑有两个半球，由胼胝体连接沟通，这样才使左右半脑构成了一个完整的统一体。胼胝体在左右脑之间传递信息，使左右脑可以实现完美的信息传输。人的所有活动，都是在两个半球信息交换和综合的前提下完成的。切断大脑的胼胝体，癫痫虽然治好了，但是大脑两半球却被分割开来，不仅信息不通，连行动也互不配合，于是形成了所谓的"裂脑人"。

由于"裂脑人"左右脑不能进行信息传输，所以可以单独观察人们各个半脑对信息的反应是怎样的。在一些实验中，他们先是让被试的右脑从几张照片中选出一张鸡的照片，然后让被试的左脑选一张铁锹的照片。这时左脑和右脑并不知道彼此选了什么。接下来让左右脑同时看见这两张照片，然后研究者问被试为什么选这两张照片。事实是，左、右脑不知道彼此为什么选了那张照片。正确答案是不知道。但被试并没有说不知道，而是将鸡

成瘾
如何设计让人上瘾的产品、品牌和观念

和铁锹放在了一个背景下，讲了一个故事来解释本不相干的这两者。被试说："鸡会把鸡舍搞得一团糟，必须把它清理干净，铁锹是用来清理鸡舍的。"

大脑根本没有意识到发生了什么，是怎么发生的。也就是鸡和铁锹之间本不存在关系，但是大脑却能把这两者联结在一起。这些联结都发生在大脑中，并不是事实上这两者一定有什么关系。人们之所以能够理解这个世界，就是因为大脑的这种联结机制。就像鸡和铁锹之间本没有什么关系，但是大脑硬生生地让这两者发生了关系。对大脑来说只要能够建立联结，就能被解释，能解释也就能理解。

加扎尼加和他的同事们通过多项研究发现负责寻找事情发生原因的神经位于左半脑。他们把大脑在事后编造一些合理的答案和故事，来解释这一切的处理过程，称之为"解释器"。

其实，人们每天都要睡觉，但是一般人都不会担心自己睡着了醒不过来。不用别人叫，也不用定闹钟，人们可以睡到自然醒。从睡梦中醒来是自动发生的。另外，呼吸、血液循环、消化食物等，也都是自动完成的，根本就不用人们刻意控制，也不需要意识的参与。在没有自我意识参与的状况下，人们的身体不但能够自动而完美地运作，而且能与外界顺利进行互动。心理学家

第二部分
瘾品化的三要素

和神经学家，通过诸多的研究证实，即使你不知道自己的身体正在做什么，你的身体依旧能够与世界完美地交互，也就是大脑功能在很大程度上是自动化的。人们的意识体验，很大一部分是一种事后的体验。加扎尼加认为，由于意识是一个缓慢的心理过程，所以进入意识的东西，都是已经发生了的——是既成事实。大脑在意识到时，在进行解释时，事情已经发生，已经过去。解释其实是事后对事情的一种合理化的心理过程。人们的解释，只是把能够收集到的信息编造成一个故事。也就是说，解释的永远是过去发生的事实。

那么，问题来了。既然没有自我意识的参与，大脑也能与这个世界完美地互动，而且人们也已经做出了选择和行动，用不用解释，一切都已经发生了、过去了，那么为什么还需要解释、理解——这样一个看似多余的环节呢？大脑为什么不能说出事实："我不知道发生了什么。"更加重要的是，这个环节大脑往往是在编造、虚构一些情节和故事，而且更多的是自动地、强迫性地进行的。而这其中发挥作用的就是自我意志。

这一切都是因为大脑需要给自我一个交代。面对一种没有大脑意识参与而产生的状况，大脑如果如实地反应"我不知道这是怎么发生的，为什么要发生"。这意味着个体无法掌控自己的生存局面。如果大脑在事物之间建立关系，从而做出解释，人们就

成瘾
如何设计让人上瘾的产品、品牌和观念

会体验到掌控感。大脑做出解释是为了体验到自我掌控感，掌控感是每个人生存的基石。

人们活在一个无常、无序、混乱、一切都不确定的、无法控制的世界里，不知道未来会怎样。如果人们时刻都在说不知道、不懂、不明白，那么这会让人感觉自己没有掌控感、没有自由，而是在被什么力量操控着。由此产生的无力感和无助感，对人类这种心智型动物来说，可不是一件好事。所以，人们才强迫性地，要从混乱中寻求一种秩序和规律，寻求一种因果关系，建立联结。

人们需要通过理解一些零乱的事实，来解释事件。解释让混沌中诞生出了秩序。大脑的解释让人们感觉自己可以理解这个世界，感觉一切都在自己的掌控之中。同样地，解释让人们产生了自主感，认为自己是自由的，而不是被动的、被强迫的。如果承认这一切都是自动运作的，那和我们有什么关系？我们只是一个工具而已，根本没有自由，不是吗？另外，解释给了人们一种感觉：有一个主体在讲、在理解、在分析、在叙事。这就意味着有一个主体存在，而这个主体就是"我"。"我"解释、理解、叙事，意味着"我存在"。所以解释让人们体验到了"我"的存在感，体验到了自我感。而如果大脑说："不知道。"那么这一切是怎么发生的呢？是谁主导的呢？你又是谁呢？人们无法接受这种

第二部分
瘾品化的三要素

不确定。解释让人们感觉"我知道发生了什么，我知道我为什么那样做，我在主导发生的事情"。这一切都是"我"所为。人们从解释中获得了掌控感、自主感、自我感。这让人们感觉自己是有意识、有目的地在采取行动。也就是说，人们为了感受到自己不是被动的、被强迫的，反过来强迫自己去做了一些多余的行为——在事物之间建立联结，做出合理的解释。人们掌控的意志促使人们去联结、解释，这是大脑最基本的自我意志。

自我掌控的意志导致一个结果，就是除非不被大脑注意和关注到，只要被大脑盯上，大脑就会强制地去解释和掌控目标。这一点在游戏中体现得淋漓尽致。人们之所以沉迷其中，就是因为游戏中玩家每执行完一个任务和动作，一个新的目标就会马上出现在玩家的面前。目标一出现就激起了玩家要掌控和实现目标的意志。持续的掌控和实现的意志是游戏牢牢牵住玩家的核心所在。

4. 自我实现的意志是又一剂瘾药

当我们面对一个目标时，人们不但有掌控的意志，同时还会有完成和实现的意志。而这种意志完全来自对完成和实现目标的预测、规划和想象。同样地，人们在完成目标的时候所产生的强

成瘾
如何设计让人上瘾的产品、品牌和观念

烈感受，很多时候，也来自完成的意志，而不是来自行动本身。

皮埃尔·福纳雷特曾经设计过一个实验。实验要求被试看着电脑屏幕在起始点和目标点之间画一条线。被试们看不见自己的手，手被一块电脑屏幕挡上了，被试可以通过投射在屏幕上的画面了解自己的手画线的情况。这个实验的关键在于，计算机屏幕上呈现的结果，与手实际画的线不相符。有时候，被试笔直向前画了一条直线，但屏幕上却显示被试画的是一条偏向一侧的斜线。当这个情况发生的时候，被试会有意识地调整自己的手部动作，屏幕上才会呈现线条到达目标点。在这种误导下，尽管被试实际上画出的是一条偏向一侧的线，但是电脑屏幕上呈现出来的却是一条连接出发点和目标的直线。在这种情况下，被试们并没有感觉到自己的手做了偏离的动作，除非是自己的手出现了严重的偏离。

在这个实验中，被试们认为自己正在画一条直线。而实际上，他们的手正在偏向一侧。虽然他们最终在屏幕上看到自己触碰到了目标，但是他们没有意识到为了触及目标手必须做的偏离动作。从这个实验来看被试们所意识到的，只是意图中的动作，是打算怎么做，而不是自己实际做了什么。被试们认为自己在画一条直达目标的线，但事实上是在画一条偏离一侧的线。这个实验说明，大部分时候人们意识不到自己正在做什么，人们意识到

第二部分
瘾品化的三要素

和感觉到的是打算要做什么，也就是完成和实现的意志——怎么完成、如何完成的想法和预测。大脑带着实现和完成的意志，可以模拟和预测行为的结果——最终动作是什么样子，将会怎么样，以及行为所需要的时间。生活中人们感受强烈的是完成和实现的意志，而不是行动本身。

很多时候，人们对眼前在做的事情的感觉和意识，除了一方面来自对过去发生的部分的解释——掌控的意志，另一方面往往来自人们对没有发生部分的打算、预测、规划以及想法——完成和实现的意志，而不是自己对事物的直接感受，也并不是自己正在采取的行动。为什么会这样呢？大部分时候，人们意识不到自己正在做什么，因为这时人们只是在行动。行动中，人们的注意力都在事情中，只有行动，只有体验，没有行动者、体验者——我。而当人们想怎么做的时候，我（体验者）就介入了，这时你才会有感觉。就比如你在开车的时候，如果只是在注意前面的路况，就没有自我，而当你想前面应该左转的时候，"我"就介入了，这时你才意识到"我要做什么或者我在做什么"，紧接着你左转了。在没有左转的时候你认为左转是你在做的动作，但其实只是你左拐的想法和左拐的意志。左拐时你在注意路况，只有注意没有自我，让你有感觉的是自我实现和完成目标的意志。

人们一旦设定一个目标，大脑中便会产生完成目标的意志。

成瘾
如何设计让人上瘾的产品、品牌和观念

人们在接近目标的时候,大脑中会发生一连串的预测流,这就是完成的意志。比如你想拿到桌子上的杯子,你有了这样一个想法之后,接下来就是一连串的预测。在你伸手的那一刻大脑就在预测,向前一点,再向前一点,向左一点,向右一点,向下一点,手指再张开一点,握得再紧一点,哦过了,再轻一点……最终,拿到了。在你的手稳稳地准确地拿到杯子之前,你的大脑发出了无数条的预测信息。接下来你不可能一个姿势拿着它不动。你会有另一个想法,喝一口杯中的酒,再来一口等。整个过程先有目标,接着规划和预测——完成和实现目标的意志得到增强,最后开始行动。在最终目标实现之前,大脑会让你重复这个循环。让人们感受强烈的是预测和规划的环节,自我意志决定着人们对目标的渴望程度,以及是否能最终完成目标。

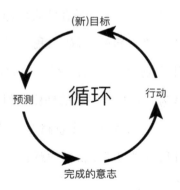

第二部分
瘾品化的三要素

　　社会心理学家杰克·布雷姆曾经做过一个实验。他找来一些家庭主妇，让她们对一堆家居用品进行评价，并且让她们选出自己喜欢的一件。这些家居用品中有咖啡壶和烤面包机等。在选择之前，主妇们普遍认为这些用品都挺好的，说不出哪个更好，哪个更让人满意。接下来布雷姆告诉主妇们，她们可以将自己选中的东西免费带回家。这样一来，主妇们都非常认真专注地挑选起来。等她们挑选好自己喜欢的东西之后，布雷姆再次让主妇们对家居用品进行评价，对这些用品的喜欢程度进行排序。结果发现，被选中的用品排在了最前面，而没有被选中的用品都排在了后面。不像在选择之前，她们认为哪件都挺好。选择之后她们分出了哪个更好，哪个比较差。当实验做完之后，布雷姆又告诉她们，不能带走自己选中的物品。结果大家好像都很不情愿的样子，其中一个主妇甚至当场哭了起来。

　　这里我们不免要问，为什么在选择前和选择后，主妇们对物品的态度和感觉差别如此之大？这是因为在选择之后，人们的脑海中启动了对用品得到和拥有的意志。大脑围绕选中的用品开始编故事——开启了一种美好的可能。这种美好的可能唤起了人们想要实现美好可能的意志。如果她选中了一个杯子，她会以杯子为主题，在大脑里自编自导一个个美好的故事。就比如，这个杯子可以在下次家庭聚会上使用，这样显得我很有品位。或者这个

成瘾
如何设计让人上瘾的产品、品牌和观念

杯子更合适冲咖啡，用它冲一杯咖啡，双手捧着杯子坐在午后的窗前……哦！多美好的生活。但是，在没有选择杯子的时候，就没有开启这种可能，实现的意志并没有被唤醒，所以对杯子也就没有情感，说不出哪个好哪个差。大脑围绕杯子的想象，其实就是在唤起人们得到、实现的意志，这种意志在告诉你"得到它，占有它——去实现那个美好的可能"。人们的意志让人们感受到了杯子的好，也让人们对杯子感受强烈。

当研究人员说不让主妇们带走选中的物品时，她们伤心并不是因为自己的物品被剥夺了，而是因为她们的美好可能被剥夺了，这就等于剥夺了她们的美好生活。实现的意志受到了限制，遭到了挫败，才是她们伤心的根本原因。其实人们没有所谓的得到和失去，只有意志的唤起和消解。就比如你在商店里看到一条裙子，很喜欢，很想买。这是围绕裙子开启的想象唤醒了实现的意志，导致大脑释放多巴胺，让你有购买的冲动。但是，有些衣服买回来后，你可能就没穿过几次，大多数时间挂在衣橱里。这时是因为大脑中得到它的意志消解了——大脑中的多巴胺水平恢复正常。所以你会感觉它并不那么好看了，也没有那么漂亮了。如果赋予它另外的意义——唤起实现的意志，它还是会再次让你喜欢上它。

当实现的意志被唤起后，很多时候会变成一种自我实现的意志，就不再是单纯的实现，而是与我相关。当你在玩游戏的时

第二部分
瘾品化的三要素

候，实现和完成一个环节的意志，最后是为了赢和胜。因为赢和胜意味着你是个很厉害的人，强于他人的人。所以玩游戏就不再是简单地完成游戏，而要体验到我是赢家这种自我实现的意志。

人们实现的意志有完成、得到、获得、变得、表现、回避、逃离等。再进一步就是人们想要体验到我是有价值的、我活得是有意义的、我的生活是有品质的、我是优越的等正面的自我情感。个体渴望体验到自己是怎样的一种积极正面存在，这就是人们自我实现的意志。

5. 把大脑忽悠"傻"的两姐妹

掌控和实现的自我意志是人们成瘾的核心力量。没有自我意志人们不会成瘾。要想成瘾必须驾驭人们的自我意志，不然不可能成瘾。也可以说，在成瘾的行为中一切都是围绕自我意志展开的。

掌控的意志和实现的意志是一对孪生姐妹，两人很多时候形影不离。人们在完成目标时需要经过一系列的失败和挫败，那么人们为什么没有放弃目标呢？这其中正是大脑掌控的意志在发挥着作用。面对目标大脑发出一个行动指令，如果没有达到目的，大脑掌控的意志会促使人们根据实际的结果做出解释，解释为什

成瘾
如何设计让人上瘾的产品、品牌和观念

么没有触及目标。当你在玩抓娃娃机时,操作的时候总是失败。但是你并没有放弃,原因就是你在每次失败后,大脑对你的失败强迫性地做了解释,比如偏右了一点、偏下了一点、最后一下不够稳等。大脑掌控的意志把失败解释成就差一点。这样的解释不是让大脑感觉自己失误不大,而是让大脑感到"就差一点"就成功了。这让大脑感觉局面依旧在掌控之中,而不是失控了。

当大脑做出"就差一点"的解释后,大脑体验到了掌控感。这种解释既增强了大脑的掌控意志,也增强了大脑的实现和完成意志。就差一点的解释意味着大脑找到了成功抓到娃娃的方法。比如大脑解释这次只是偏右了一点,那么这意味着下次这个环节偏左一点就能成功、就能赢。解释一旦产生,也意味着下一步行动预测和实施方案的产生——偏左一点。这样的预测方案让大脑感觉只要再来一次目标就能实现。再来一次,让人们感觉离目标仅有一步之遥。这时大脑实现和完成目标的意志被大大增强,结果是你真的采取了行动——再来了一次。

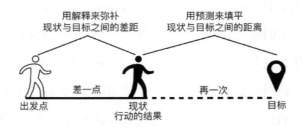

第二部分
瘾品化的三要素

"就差一点，再来一次"完全来自人们的自我意志。人们在面对过去的失误和没有如愿的结果时，与自我掌控着局面的自我认知之间会出现偏差。一方面，掌控的自我意志通过对失败结果的"就差一点"的解释，将事实与目标的差距弥补起来。告诉自己"没有啊，只是差了一点点而已"。自我掌控的意志弥补差距的方式就是解释。失败能被解释意味着差距并不存在，或者说并不大。另一方面，人们面对失败的此刻——没有触及目标的事实，大脑通过解释也寻找到了没有达到目标的原因。面对大脑就差一点的原因，自我实现的意志被点燃，大脑预测你"再来一次"就会成功和如愿。再来一次，大脑又完美地将现状与目标的实际距离缩短为"一次"的距离。"一次"的距离填平了现状与目标的鸿沟——仅有一步之遥。正是自我意志在不停地弥补、填补、修复你与目标之间的距离，导致你感觉一切都在掌控之中，一切即可实现。这种状态下掌控的意志和实现的意志，合伙为你的大脑上演了一台台好戏。掌控的意志说："就这一次，以后再也不买了。"实现的意志说："再买一次，我就如愿了。""就差一点"和"再来一次"这两个孪生姐妹，就这样把理性的大脑给忽悠"傻"了。没有这对孪生姐妹的忽悠人们是不会上瘾的。

人们对购物上瘾，也是自我意志制造的错觉在起作用。当你买了一件浅色的 T 恤时，你会认为自己还应该有件蓝色的 T 恤，当你买了蓝色的 T 恤后，你又认为自己还需要件纯白色的、无领的……帅和美是一个没有标准的目标，也是一个变化着的目标。一旦你踏上追求帅和美的这条路，就注定将会在"就差一点"和"再来一次"中永无止境地循环。掌控的意志为每一次没有如意的行为制造了就差一点的错觉。就差一点的错觉为人们制造了再来一次就能实现目标的幻觉。掌控和实现的意志制造的错觉促使人们不停地买买买。

人们自我掌控的意志渴望感受到"我"掌控着局面、生活以及未来，主宰着自己的生活。人们自我实现的意志渴望感受到"我"是一种积极正面的存在。这其中人们渴望证明自己是好的、对的，以及会变得更好——活得有价值和意义。掌控和实现是互相作用的。掌控是自我价值的一种体现，反过来，实现也意味着自己掌控，实现是证实掌控的一种方式。

6. 彻底让大脑失控的瘾力配方

人是有理性的。当你面对瘾品，想要买的时候、吃的时候、做的时候，大脑的理性会告诉你"不，不要买、不要做、不要吃"。如果理性一发令你就乖乖地服从，你就不会有成瘾的行为了。人们有任何上瘾的行为，都需要先搞定自己的理性。在大脑

第二部分
瘾品化的三要素

产生"再来一次"的冲动时,在对瘾品的渴望与理性对瘾品的抗拒之间,大脑会开始强烈的斗争。斗争的结果往往是对瘾品的渴望占据上风。大脑并不喜欢这样的局面,这意味着自己将要失控。为了避免这种心理冲突的局面,在与理性的斗争中,自我意志最善于做的就是对再来一次的行为进行理性的伪装,从而让理性解除防御毫不犹豫地再来一次。接下来看一看,人们是如何借助自我意志的力量解除理性的防御,毫不犹豫地再来一次的。

其一,制造这次不一样的错觉。面对理性,人们往往告诉大脑,这次和以往那些次并不一样。这次更坚决、更彻底,这次会有根本的改变。这种不一样的区别,会让理性放松对再来一次的警惕。如何制造这次和以往几次的不一样呢?就比如一个女孩在减肥,看到蛋糕后,她的理性告诉自己:"今天绝对不能吃,不然我就'破功'了。"如果这时为其制造了这次不一样的错觉,她就会坦然地吃掉蛋糕。比如朋友对她说:"我知道你在减肥,可是今天不一样,是你最好的朋友我的生日。"这样一来,这个女孩的理性就会失灵——坦然地吃下去。

其二,增强掌控的意志。当用户面对心中挣扎和冲突的时候,要想让用户不顾一切地去使用瘾品,就要增强用户对冲突局面的掌控感。怎么做呢?就是要让用户感到自己确实掌控了事实。

成瘾
如何设计让人上瘾的产品、品牌和观念

当你看到一件产品当前的价格是 52 元钱的时候,不知道这个价格是便宜还是贵了——对价格是否合理不确定。这会让你犹豫不决,不敢下单。如果这时你发现购买过这个产品的用户发了一条这样的评论——在双 11 促销的时候花 55 元购买的,质量还不错——你就会毫不犹豫地下单购买。这样的信息让你发现了自己 52 元购买确实不贵的事实,所以会毫不犹豫地下单。这就是掌控的意志增强后,理性彻底失控的表现。

作为一个保持身材的节食者,当你面对麦当劳高热量食物薯条、炸鸡腿的诱惑时,你的理性会告诉你"不要"。但是,只要在菜单上稍作手脚,你可能就会不顾一切地大吃大喝。这是怎么回事呢?杜克大学的研究人员发现,当麦当劳的菜单上推出凯撒沙拉、水果酸奶等低热量的健康食品时,并不会促进那些追求健康饮食的被试选择健康食品。相反,被试更愿意选择那些不健康的高热量食物。也就是说,健康食物的出现让被试更愿意选择不健康的高热量食物。这是为什么呢?被试不应该是更喜欢健康的低热量食物吗?这是因为健康食品的出现,让被试为解除"好身材"和"高热量食物"之间的矛盾,找到了可替代的方案。被试会认为即便这次吃了高热量的食物也没关系,因为下次可以吃沙拉喝酸奶瘦回来。研究者把这种现象称作"替代目标完成"。替代目标的出现,让被试感觉自己可以恢复到健康的状态,放纵一下没有问题。这大大提升了被试的掌控感,同时也降低了防御和

第二部分
瘾品化的三要素

警惕心理，促使被试又毫无负担地大吃一顿。制造替代目标是提升人们掌控感的又一种有效的方法。

让用户提升掌控意志的另一种方法就是让用户把注意力聚焦在唯一的失败原因上。也就是不管失败的原因有多少，必须让用户聚焦到一个原因上。这样就可以增强用户掌控的意志。

其三，提升完成感和实现感。在面对目标的时候强调付出的代价小、步骤少，是让用户快速做出购买决定的方法之一。在用户面对目标的时候强调只需要一点时间、一点力气就能完成目标，会让用户感觉自己不需要付出太多努力就能触及目标。这会让用户的意志增强，产生再来一次和尝试一下的冲动。

还有一种增强完成感和实现感的方法就是，放大完成的效果。这种做法在游戏中经常用到。游戏在通关和晋级后，会设计一些完成的效果。比如完成一个环节后会发出"欧耶"的音效，或者其他的情感鲜明的音效。还有一些视觉上的效果，比如放烟花、让图标变大的奖励等，这都是在设计赢和胜的实现感，让用户体验到强烈的自我实现感和完成感。

其四，发现、放大和强调理性已经产生的价值和收益。大脑在做决策的时候首先要避免的是不增反减——可以得不到但是绝对不能失去现有的。这样的理性时刻看守着大脑的大门，不让大脑做出可能会造成某种损失的决策。要想大脑这样的理性失灵，有一个办法就是告诉大脑的理性，理性的监控和坚持已经产生了收益和价值。这样一来大脑的理性就会放松警惕。比如在一个专卖店里，你看上一个标价七八千元的包。这个包让你爱不释手，你拿着它看了好半天。其实，你很想买，但是又感觉太贵，这将会花掉你一个月的工资，你在做着激烈的心理斗争。但是，服务员看出了你的心思。这个时候服务员怎么说才会解除你理性的防御，让你毫不犹豫地买下这个包呢？其中一个做法就是去发现你的理性监控和坚守已经创造了的价值，服务员这样做恐怕你就会毫不犹豫地买下了。服务员看看你手上拿的两三百元的包包，然后说："您没有这个款的包吧，女人很多时候不乱花钱不就是为了想买就买那些自己喜欢的包吗？"这句话暗示着你的理性一直制约着自己不乱花钱，这样的行为已经产生了价值——省了很多钱。这个包是对理性坚持的奖励。对理性的奖励会给大脑制造理性的错觉，这样大脑就会放松警惕购买这个昂贵的包了。

7. 唤起意志的方法之一 ——制造想象空间

想象中的主角永远是我

想象是唤起自我意志的重要方式。因为想象中有自我。

第二部分
瘾品化的三要素

想象是唤起自我意志的重要方式。这是因为想象的时候，人们在信息中导入了自我。也就是站在自我的角度去理解信息。当别人给你讲故事的时候，无论他讲的是什么情景中发生的事情，你只要想听懂他讲的故事，就必须用自己的素材，翻译成自己的故事才能理解。比如当他对你讲："在一片丛林里，高耸茂密的树木间劈出一条用石板铺成的小路。这条小路弯曲着延伸向树林深处。一个小女孩正独自沿着这条小路走向丛林深处……"你要想理解这个情景，就需要一边听一边去想象树林、小路和小女孩的样子。你会根据故事中描述的细节，去构建故事中的情景。比如在树木间劈出一条小路，用石板铺成的小路，弯曲着向前延伸等。这些细节会确保你想到的是讲故事的人所描述的情景和画面。你认为你竭尽全力构建出的情景就是他人故事中所描述的情景吗？依旧不是。你是用自己熟悉的、了解的、经验中的素材来构建了故事中的情景。你大脑中构建的石板小路，一定是你曾见过的石板小路，比如电影里看到过的、自己走过的石板小路。你一定是用自己的素材构建了一个属于自己的石板小路，而不是他人所描述的石板小路。人们在听故事的时候，会一边听一边用自己的素材构建故事中的情节。

每个人的大脑中，都有各种过往经验积累的素材。在人们听故事、看文字，或者看到一条广告的时候，平时积累的素材就用

成瘾
如何设计让人上瘾的产品、品牌和观念

到了想象中。只要人们开始想象,就要用这些素材。

"拉菲庄园是世界八大名庄之一,拥有目前世界上最有名的红酒。"看到这句话的人,如果对红酒不太了解,一般会把拉菲庄园理解为电影中欧洲城堡的样子,或者仅仅是一个品牌的名字。再往下看:"拉菲庄园占地面积 178 公顷,其中有 107 公顷全部是葡萄园。"这时人们才会把它想象成被一大片葡萄园包围着的城堡的样子。再比如提到牛津大学,一般人们会根据自己的经验,把它想象成自己所见过的大学那样,或者像北大、清华那样。但是,真实的牛津大学与城市融为一体,不仅找不到校门和围墙,甚至连正式的招牌也没有。这都说明我们想象的时候,就是在用自己的素材重新构建一个事物。

当我们理解了所接受的信息时,整个信息的视角就发生了转变,由他人的视角转变成了自我的视角。在我们听懂一个故事的时候,这个故事就完全成了自己的。这样一来信息就与自我发生了关系。

任何的想象都是对自我的强化,用自己的素材对自我进行强化。因为它是借助自我的素材在构建,对素材的熟悉感,能带给人们很强的自我感。想象是服务于自我的,进入了想象的事物,就等于贴上了"我制造"的标签,就成了我的。用我的素材重新

第二部分
瘾品化的三要素

构建故事,就在不知不觉中注入了自我情感,这样故事所描述的对象才变得可感知。

奢侈品牌古驰的前首席执行官帕特里奇奥·迪马尔科就强调,他们的店员不仅仅是要展示一件衣服、一个包、一双鞋,还要向消费者讲述每个产品背后的故事。他认为古驰的每一个产品都投入了大量的精力去做,每个产品背后都有美丽的故事,每个产品都与众不同。其实讲故事就是为了让人们与自我的情感建立联结,让产品背后的美好变得可感知——用户可以感受到、感知到才能唤起购买的意志。感知到是前提,还要看感知到的情感是否强烈。

情感是牵制想象的"锚"

大脑想象和运作是需要目标、目的、动机、意图的,否则大脑便无法运作。很多时候,看似大脑在漫无目的地乱想,其实并不是这样。它的运作是有目的、有方向的。也就是大脑要想运作必须先要锁上。所谓锁上就是对信息进行确定,对其进行情感判断——好坏、对错、善恶等。确定有时候是有意识的,有时候是无意识的。大脑对信息做出确定判断后才会或有意识或无意识地运作。大脑的判断和决策模式分为直觉决策模式、理性决策模式和自我决策模式。这三级决策模式都是围绕情感做出的。关于大

成瘾
如何设计让人上瘾的产品、品牌和观念

脑的三级决策模式可以参考《锁脑》，进行深入了解。

情感是大脑运作的基础，是对大脑的深层牵制。一切信息不管表面是怎样的，进入大脑都要转化成情感才会被大脑理解和运作。在品牌和产品中注入鲜明的情感，就是为了在用户接触到品牌和产品的第一时间就将用户的大脑锁上——让用户围绕感受到的情感展开思考和想象。情感就像在大脑中抛下的锚，让思考有方向，有出口。

带有正面情感的品牌和产品信息，会让大脑在接触到信息的瞬间做出确定的、正面的情感判断。这样的确定为大脑设定了运作的方向。接下来大脑会自动围绕正面的情感来收集素材，构建和理解品牌和产品。就比如当你知道"拉菲庄园是世界八大名庄之一，拥有目前世界上最有名的红酒"时，这样的信息让你感觉拉菲庄园是高级的、高端的。这样的情感已经在你的大脑中做了好的设定，让你在接下来理解它的时候，从经验和记忆中选择最好的素材在大脑中构建拉菲庄园的形象。就比如你会把它想象成电影里看到的豪华、壮观的庄园形象，而不是一排平房、一片田地的样子。这就是在做产品和品牌的时候情感要鲜明的原因——在大脑中放下"锚"。锚会让用户在接收到与品牌相关的信息时自动地围绕锚点展开想象。锁定大脑的运作轨迹和方向，这才是品牌和产品情感化的根本所在。

第二部分
瘾品化的三要素

正面的情感会唤起正面的想象，同时激起正面的意志——实现的意志。就比如你看到苹果手机设计得很有科技感、很高端时，就会产生去触摸的冲动。你看到苹果专卖店很高端大气，就想进去看看，或者拍照留念。这都是产品和品牌的信息带了鲜明情感的结果。人们在接触到这些带有鲜明情感的信息和线索时，激起了人们自我实现的意志。

大脑围绕目标运作的这种机制，导致人们实实在在使用产品的时候，那种美好的体验在很大程度上也是情感的设定激起人们的自我意志制造的，并不是产品本身带来的美好体验。你也许会强烈地质疑。怎么可能？我喝星巴克咖啡的时候，真真正正感到了咖啡的魅力；我开兰博基尼的时候，能够触摸到实实在在的车，能感受到它的操控性，体验到它带给我的那种美妙的感觉。你怎么能说我是在消费意志、消费想象，而不是在消费咖啡和车本身呢？这怎么可能呢？

一辆豪车到手后，如果你只是用手去抚摸车身和方向盘，只是摸，不去想，不去定义，就没有所谓的高档、豪华。但是你往往是带着高档、豪华的设定去感受它的。这样的设定启动了你渴望感受到它好的意志。你在抚摸它时会感觉"好有质感啊，手感真不错"，是你把感受到的感觉定义成了高档、豪华，也就是你是很难不带情感地去开一辆高级跑车的。而你对跑车的体验更多是情感设定唤起的自我意志制造的感觉。品牌成瘾中你正在体验的美好感觉，更多的是自我意志，而非事实的美好。

前面我们强调要将情感进行"七十二变"是让品牌和产品的各种信息带上鲜明的情感，指向一种美好的体验和感觉。这都是为了让大脑可感到品牌中的情感才能让品牌和产品在大脑中变得可以操作。易操作就是大脑容易回想起，有展开联想的方向。这样用户的意志就容易得到增强。自我意志会促使大脑释放更多的多巴胺，而多巴胺的增强就是在增强人们的行动力。

想象比事实让人更有感觉

对品牌的想象唤起的自我意志给人的感觉，甚至要比事实本身带给人们的体验强烈得多。比如你喜欢喝可口可乐，一直认为是可口可乐本身让自己喜欢，而不认为是对可口可乐的想法和意志让自己喜欢。你感到LV的包能让你变得自信，你会认为是包本身有这样的魔力，而不会认为是对包的想法和意志有这种魅力……任何让我们有感觉的事物，我们都认为是事物本身在发挥作用。但实质上，大部分时候人们对事物产生什么样的感觉，都是对事物的想法和意志在发挥作用，因为自我意志会带给人们比事实更强烈的感受。

有这样一个研究，研究人员要求一些年轻的大学教授，想象

第二部分
瘾品化的三要素

自己获得终身教授资格或被拒绝教授资格申请时的感受。教授们想象自己在知道获得终身教授资格时，会欣喜若狂、会很兴奋；想象自己被拒绝时，会痛苦不已、情绪非常低落。然而，事实并不是这样的。研究人员把这些教授的想象，和那些真正获得终身教授资格或被拒绝的人的感受进行对比，结果让人们大跌眼镜。人们获得终身教授和被拒绝的主观感受居然没有差别。也就是说，获得与不获得，人们的主观感受变化不大，并不像他们自己想象中的那样情绪波动很大，而是很快就适应了获得和没有获得终身教授资格的状态。这说明，人们在想象自己的主观感受时，增强了对教授身份实现的意志，这使得人们高估了获得荣誉后的快感和失败后的悲痛感。

我们曾经做过一系列的调查，调查一些年轻的网友，在网购前和得到产品后，什么时候对产品的感觉最强烈。结果发现，大部分人都感觉在购物前和产品没有到手时，对产品的感觉最强烈。这种强烈的感觉完全来自思想围绕产品编故事唤起的实现的意志。比如你在网上看中一件漂亮的裙子，你会根据页面上提供的信息，开始围绕这条裙子编造故事——我穿着这条裙子走进办公室，同事们看到我一定会两眼发直；我穿这件衣服会显得更瘦；我穿这件衣服坐在街角的咖啡厅喝咖啡，会很惬意；我会和模特一样具有吸引力……人们的这种编导能力，是不可估量和无法想

成瘾
如何设计让人上瘾的产品、品牌和观念

象的。总之,还没有收到货的时候,人们的大脑会有很大的发挥空间和润色空间,会把这个故事编导得无限美好。

基于这一点,我曾做过一期视频节目,提出了关于网店经营的一些误区。其中的一个错误是鼓励买家发照片晒单。这类问题集中在服装电商上。商家通过专业的模特、设计、灯光、化妆、摄影、后期制作等一系列工作,把服装渲染得美轮美奂,就是为了达到上面的效果——开启人们的想象,让人们围绕衣服自编自导一个美好的故事。可是一些顾客晒出的照片,既没有了模特,也没有任何专业的技巧处理。失去了这些光环以后,有些衣服看上去并不美。当消费者看到这样的照片时,本来已经唤起的实现的意志,立马被消散了,马上就没有了购买的冲动。一定要记住,网店卖的完全就是一个美好的可能,因为这种可能制造的感觉比事实让用户更有感觉。

人们从想象中获得的强烈感觉,来自想象时启动的大脑神经反应。大脑神经活动制造的真实感觉,对人们来说就是真实的。神经学家证明,人们在想象做某个动作的时候,大脑中负责该动作的相关区域也会被激活。比如,人们喝可口可乐的时候,大脑的一些区域被激活了。而当人们想象自己喝可口可乐的时候,这些区域也会被激活。也就是人们想象一件事情和真实去做这件事情,激活的大脑区域基本是一致的。

第二部分
瘾品化的三要素

大脑的这种机制，被广泛地应用在心理治疗上。有一种心理疾病叫作社交恐惧障碍。治疗这种心理障碍，就可以采用一种和想象有关的疗法——系统脱敏疗法。系统脱敏疗法就是让患者通过想象来摆脱对人群的敏感。心理医生让患者想象他站在一个人很多的地方。患者想到这样的场景，就会很紧张。这时心理医生会让他放松。但是紧接着在患者放松后，心理医生又会引导他重新想象自己身在人多的情景中。就这样通过反复的想象，让患者克服社交恐惧障碍。这种治疗的效果还是比较明显的。通过上面的内容我们知道，让人们害怕的是自己的想象，而不是别人真的会把自己怎么样。让人们有感觉的也是自己的想象唤起的自我意志。

大品牌就是"思想贩子"

自我意志的唤起和增强最重要的方法就是制造想象空间。因为越是有想象空间，大脑越是有发挥的空间。那么，自我意志增强的力度就会越大。

制造想象空间的一个手段就是学会省略，敢于省略。威士忌用简单的一句话打开了人们想象的大门："当你取出最好的酒招待客人时……"后面的内容省略掉了，这会让你产生无尽的想象。但是，这种想象不会是漫无边际的，而是会围绕"最好的

成瘾
如何设计让人上瘾的产品、品牌和观念

酒"这样的设定来展开。你会想到用最好的酒招待客人,他们会很开心,会很感激你的盛情款待等等。你会往美好的方向去想象。还有宜家的夏季大促销,是这样来触发顾客的想象空间的:"夏季大减价,家家都能有宜家……"有宜家的什么?沙发、餐桌、餐具等,你想有什么就会有什么。想象的好处,就是它给你留下了空间,让你可以根据自己的需求对号入座,在想象中找到自己需要的物品。当然,威士忌和宜家都是带有鲜明正面情感的品牌。在这样的情感设定下,人们的想象当然会朝着积极美好的方面延展。

iPhone6 推出的时候,广告语是"岂止是大"。广告是姜文和姜武配的音,对白是这样的:"它是有史以来最大的 iPhone,可以说巨大。尺寸变大只是开始,它们能让你看到不一样的世界,那是大事;还能为你的健康出力,那是特大的事。它们比以前所有的 iPhone 都要好,大……大……大……大……岂止是大。"这个广告告诉人们 iPhone6 不只是尺寸大了,它还关心你所关注的大事,比如健康。从尺寸这个有形的大,到健康这个无形的大,再到后面的大……大……大……大……自己去想吧!总之大得没有边际。阐述一个大的概念,但最终并没有确定在一个具体方面。这为消费者留下了想象的空间。这意味着只要对你来说大的事情,iPhone6 都有了。这就是让人们通过想象,来抓住自己

第二部分
瘾品化的三要素

心中认为的大事,并与手机关联起来。总之,有你关注的大事发生在 iPhone6 里。这就是给人们开启想象的方式。这样开放式的命题,让消费者围绕自己关注的事情展开想象的空间。想不了多久,人们就会有购买的冲动了。

另外一种为用户制造想象空间的方法就是情景化。比如一个水果电商这样做椰子的广告:"喝一口,假装自己在度假。"看到度假和椰子,你就会把这两者关联在一起。马上你就开始编故事,海边的沙滩上,高大的椰子树,在炎炎烈日下,你躲在遮阳伞下喝着可口的椰子汁。想到这些,你就会感觉即便去不了旅行,感受一下海边度假的风情,喝个椰汁也还是不错的。

宜家把卖场设计成一个个风格各异的样板间,把各种产品完美地搭配在一起展示给顾客,这其实就是在将产品情景化。这种精心设计的情景,很容易让顾客感受到产品传达出的情感,很容易让顾客感受到自己的卧室、厨房、客厅、厨房等打造成这样时的美好感觉。为了贯穿这种经营理念,宜家从 1951 年开始推出《家具指南》,目前已累计 28 亿册之多。其实,《家具指南》为宜家走进顾客的生活空间做出了很大的贡献。《家具指南》中大部分家具都是放在特定的情景中展示的,一把椅子搭配什么样的桌子,桌子上放什么花瓶、杯子,还有盘子等。每一个情景都设计得精美而雅致。这种情景的构建其实是在为顾客展示一种生活方

成瘾
如何设计让人上瘾的产品、品牌和观念

式,也就是让顾客看到一种美好可能。这样的情景设计会让顾客感觉"我的生活也如此美好"。感受到一种美好的可能,人们实现的意志才会被唤起。

在产品使用的过程中,提升消费者的体验,给消费者留下美好的记忆,也是打开人们想象空间的方法之一。研究还表明,人们在回忆过去时,大脑的活动会让人们体验到比当时更加美好、更加愉悦的感觉。心理学家们把这种现象称作"玫瑰色回忆"。回忆美好的体验,会让人们有再来一次的冲动。就像逛宜家和到星巴克喝咖啡一样,它们营造的美好气氛,会给顾客留下美好的记忆。当顾客回忆起当时的情景,就会激起再来一次的强烈冲动。

打造让人上瘾的品牌,是一个系统的工程,并不是掌握了某个技巧,就能达到成瘾的效果。始终要将唤起人们的美好想象,贯穿在品牌设计生产的整个过程中。在这方面,有些让人们上瘾的大品牌的做法很值得人们学习。

苹果公司的标志,只要你看一眼就会产生无尽的遐想。一个苹果怎么会少了一块呢?为什么是一个少了一块的苹果呢?它的含义又是什么呢?很多人认为,苹果的标志是为了纪念伟大的人工智能领域的先驱者——艾兰·图灵。1954 年 6 月 7 日,图灵

第二部分
瘾品化的三要素

被发现死于家中的床上,床头放着一个被咬了一口的苹果。警方调查后发现,苹果表面涂有剧毒,怀疑图灵是服毒自杀。人们认为苹果公司少了一块的苹果,暗示着这就是图灵咬了一口的那个苹果。但是,随后苹果公司否认了人们的这种猜测。这反而激起了人们更多的遐想,更吊起了人们猜想的欲望。从引发人们的想象来看,苹果公司的确是做得很到位的。对人们来说,越是想不通的事情,就越是想要搞明白;越是不容易看清,就越是要看个清楚。这就会占据大脑更多的空间和时间,也就更容易使用户与品牌产生情感关联。

可口可乐公司也在通过一些手段给人们制造想象的空间。由于可口可乐的配方是保密的,人们不知道里面的成分到底是什么。于是就有人猜测,里面应该还加了一些小小的罪恶的成分。但是可口可乐公司否定了这种说法。可口可乐的神秘配方,就这样成了100多年来人们一直讨论的话题,也引发了人们的各种遐想和揣测。可口可乐的配方中也许没有什么大不了的成分,恐怕它真正要掩饰的,就是掩饰本身,通过掩饰引发人们的想象,引起人们的不断关注。这就是在打造品牌的过程中制造的想象空间。这样的想象空间为品牌制造了一种神秘感。

在塑造品牌的时候,我们一直在强调,要为品牌设计更多的引起人们关注的线索。这是因为当人们抓住一个线索的时候,就会围绕着它编故事。这是品牌与用户建立情感联结的最佳方式。想象就是在开启各种可能,各种帮用户实现自我美好愿望的可能。这都是为了随时激起用户的自我意志。

8. 唤起意志的方法之二——利用镜像系统启动意志

人类有个彼此共享的大脑

雷·克罗克是麦当劳的创始人,但第一家麦当劳店并不是他开的。当他第一次吃麦当劳的时候,在别人看来微不足道的一件事,便让他决定要把麦当劳占为己有。他看到坐在他对面的一个女孩,两只眼睛紧盯着手中的汉堡,眼神随着手把汉堡送到嘴边,仔细地打量着,好像要选个好吃的位置咬一口,又很难决定从哪里咬下去。她为难的眼神和迫切的心情斗争了片刻,一横心,直接闭上眼睛大大地咬了一口。就好像在说:"等不及了,直接上嘴吧!"汉堡到嘴后她的眼睛依旧没有要睁开的意思,好像生怕迷人的味道从嘴中跑掉。她闭着眼睛,头微微向左上方抬起一点,迎着阳光细细品着嘴中汉堡的味道……

雷·克罗克又把眼神移向旁边吃汉堡的小朋友。小朋友们吃汉堡的样子更可爱。他们好像总是感觉自己的嘴巴张得不够大。

第二部分
瘾品化的三要素

大，大，再大点儿，直到嘴巴张得把鼻子和眼睛都挤到一块儿了，眼睛都睁不开了，才舍得把汉堡放进嘴里，恶狠狠地咬了一口。然后，满足地大嚼起来，眼睛还不舍得离开手里的汉堡……

看到这一幕，雷·克罗克有些质疑和好奇地看了一眼手中的汉堡，然后轻轻地咬了一口。在他咀嚼汉堡时，好像有什么东西打消了他心中的疑惑。就在那时，他有了想要"霸占"麦当劳的冲动，于是他的行动开始了。

在很多麦当劳的广告里，人们都能看到像上面的女孩和小朋友一样，陶醉地吃汉堡的镜头。而看到这些镜头的人们，也会像雷·克罗克一样，有一种想要去发现其中秘密的冲动——意志被唤起。"麦当劳帝国"从这种冲动开始建立，并且用这种冲动扩张到了全世界。这种冲动的激起和快速扩散，很大的功劳来自大脑中的一个神秘系统。

同一件事情，人们想象去做和实际去做，大脑的反应是一样的。不但如此，我们实际做一件事情，别人看到我们在做这件事情，他们的大脑反应和我们的基本也是一样的。人类的大脑结构，决定了人与人之间是彼此联通的，每个人的大脑都不是"独立"的脑。这使得人们的一些行为，可以轻易地传播给他人和影响他人。

成瘾
如何设计让人上瘾的产品、品牌和观念

意大利帕尔玛大学的贾科莫·里佐拉蒂,是专门研究灵长类动物的神经学家。在 20 世纪 90 年代中期,他和同事在研究猕猴的抓握神经元时,意外地发现了一个奇怪的现象。他们发现如果猴子 A 观看到了猴子 B 抓住花生的动作,那么在它的大脑中,与猴子 B 抓住花生的动作激活的大脑神经元相同的神经元,也被激活了。而如果猴子只是看到花生,没有看到其他的猴子去抓花生,那么这些神经元就不会有反应。这就是说,猴子在抓握花生的时候,激活了大脑里的相关神经元。而观看它抓握花生的猴子,大脑里同样的神经元也会被激活。也可以说,一只猴子捡起一个花生与它看到别的猴子捡起花生时,大脑的神经元做出了同样的反应。他们把这种神经元叫作镜像神经元。

在 1999 年,神经学家马克·亚科博尼,第一次证明了人类大脑中同样存在着镜像神经元。他要求被试观看一段关于手指动作的视频。被试可以只观看,也可以模仿看到的动作。与此同时扫描被试的大脑,结果发现,无论只是观看还是模仿动作,被试大脑中被激活的脑区都是一样的。这与里佐拉蒂曾经在猴子脑中观察到的脑区相同。这就表明,在人类大脑中这些脑区的镜像功能,类似于在猴子大脑中发现的镜像神经元的功能。由于大脑的这种功能不是由一种神经元完成的,他们把人类大脑中具备这种功能的神经元叫作"镜像系统"。

第二部分
瘾品化的三要素

贾科莫·里佐拉蒂的研究团队，后来进行了一系列大脑扫描研究。其中一项研究要求一些不是专业搞音乐的被试，按照他们所看到的吉他弹奏指法，进行手部动作的模仿。结果发现，人们的镜像系统确实参与了模仿的这个过程。再后来，他通过一些技术，限制了镜像系统的反应。结果，被试在试图模仿他人的过程中，出现了一些困难，而且频频出错，根本无法进行模仿。这个结果表明，镜像系统在模仿中确实扮演着重要的角色。

镜像系统的作用，不只用在动作模仿中。普林斯顿大学的乌里·哈森，扫描了两个交谈者的大脑活动。他发现倾听者的大脑活动，与说话者的大脑互为镜像。这说明了，为什么当我们听一个人说话的时候，会不自觉地去模仿他的语调和语气。后来，研究者们又对镜像系统做了更加深入的研究。他们发现，镜像系统在人们对他人的情绪模仿中，也起着非常重要的作用。所以，当你看到有人在笑的时候，你也会笑起来。而当一个人在你面前哭的时候，你也莫名其妙地很想哭。另外，对疼痛的镜像也是这样的。当有人身体某处受伤时，观察者与受伤者的大脑相关部位都会被激活。

人类大脑镜像系统的存在，导致人们只要看到一个人在做什么，或者听到一个人在说什么，又或者是注意到一个人的情绪，大脑就会与之产生镜像。这就是雷·克罗克在看到女孩和小朋友们一脸陶醉地、享受地吃汉堡的时候，被吸引的原因。他看到这样的画面，就感觉好像是自己在吃一样。事实上，我们只要想象一种行为，就能激活镜像系统。这就是我们前面说到的，当我们想象做什么的时候，会和真的去做有同样的感觉，甚至想象比实际的行动更让人有感觉。这其中镜像系统发挥了巨大的作用。这说明了什么呢？说明人与人的大脑，是可以互相启动的，而且这种镜像是强制性的，除非你不看也不听。镜像系统的核心作用在于可以启动人们的意志，促使人们去模仿他人的行为和感受他人的感觉。

强制镜像如何启动用户意志

人们的镜像系统不但可以被他人激活，也能被照片、视频和虚拟世界激活。也就是说，当人们看到一张照片、一段视频或是虚拟影像中的人物，他做什么动作、有什么表情，抑或发出什么声音，都会启动人们的镜像系统。这就是为什么，很多小朋友走进医院诊室的时候，即便没有看到小朋友打针，也不知道发生了什么，只是看到有小朋友在哭，他们就会跟着哭起来的一个原因。

我有一次在影院里看到了林肯 SUV 的一则广告。广告中是一个成功男士的形象：他开着车来到海边，搭起帐篷，站在黄

第二部分
瘾品化的三要素

昏的海滩上，手里拿起一杯红酒，夕阳映在他的脸上。通过这个特写画面，我看到了他一脸惬意满足的样子。这个面部特写的表情，直到今天还印在我的脑海里。也许我对这则广告具体内容的记忆，存在很大的出入，不少细节早已印象模糊。但是这个特写——那一脸惬意满足的感觉，让我现在依然记忆犹新。这其中一个原因是，这个特写的迷人表情激活了我的镜像系统，同时唤起了我的自我意志，让我对林肯这款车产生无限的渴望。

如果现在让你回想看过的汽车广告，你能想得起哪一条，或者哪一个画面？研究发现，给人留下深刻印象的，大部分是那些带有鲜明情感的人物动作特写，以及面部表情的特写。在前段时间，我看到了另外一则汽车广告。一辆车在山间快速穿梭，并没有表现出很明确的意向性，而且只有车的画面，没有一个和人有关的画面。这条广告基本不会给人留下深刻的印象，更不会唤起用户购买的欲望。这就是不懂人脑镜像系统造成的败笔。

镜像系统的作用是，当你看到一个小朋友张大嘴巴，恶狠狠地咬了一口手中的麦当劳汉堡的时候，就会情不自禁地咽口水。你不知道发生了什么，但大脑就是想吃，这就是镜像系统的神奇之处。可是这样强有力的传播模式，却被很多品牌忽略了。在广告中充分利用了镜像系统功能的经典案例，就是众所周知的奥利奥广告——"扭一扭、舔一舔、泡一泡"。一个小男孩用双

成瘾
如何设计让人上瘾的产品、品牌和观念

　　手拿着黑色的饼干扭了扭，然后舔一口饼干中间的夹心奶油，接着又在牛奶里泡了泡。整个画面都采用大特写和小男孩的半身景别。这个小男孩的所有动作，都能激活观看者的镜像系统。不用做多余的解释，人们自然就能体会到小男孩开心的感受。这也是为什么看了这则广告的小朋友，都很想吃奥利奥的重要原因。对于小朋友来说，没有太多的理由，他们很简单，就是看到别人吃什么，他们就想吃什么。镜像系统在大脑中反映他人的动作和表情，便会唤起人们对动作和表情所指向的对象的渴望——唤起人们对其拥有和得到的意志。

　　在品牌的传播中，镜像系统究竟发挥着什么样的作用呢？走在大街上，我们时常会看到迎面走来一个女孩，手里端着星巴克的咖啡，手指巧妙地分开，刚刚好可以露出星巴克的标志，就连端咖啡的样子也好像是有人精心设计过的标准姿势，优美而不做作。当然了，把咖啡杯捧在脸边，嘟嘴拍照发微博，也是件很时髦的事情，很多人都喜欢这么做。这其中传达出的时尚优美、可爱的动作和姿势，会激活人们的镜像系统。这些信息借助人们的镜像系统四处蔓延。结果你会发现大家在星巴克喝咖啡拍的照片，和大家拿咖啡杯的姿势几乎是统一的。如果你留意过微博中的那些照片，就会发现它们的相似度是很高的。这说明这些动作激活镜像系统的程度很高——促使大脑高度模仿。

第二部分
瘾品化的三要素

　　模仿使得人们可以借助一种形式去体会美好。只要摆出一个动作、做出一种表情、发出一种声音……就能与美好关联，就能感受到美好。这些与美好关联的行为、动作和情绪，都能在很大程度上激发人们的消费欲望。这是镜像系统强迫启动的结果。另外，用具体化、形象化、符号化的行为，激活大脑镜像系统，更容易让用户之间彼此影响。所以要想做出成瘾的品牌，就要让品牌传达出的信息，能够激活用户的镜像系统。

　　研究发现，要想让品牌信息高效激活镜像系统，需要遵循一些原则。首先人物形象的画面要以特写为主，把具体的、特殊的、特意设计的动作和表情用特写放大。这样可以避免目标对象的大脑被其他事物干扰，以便其对动作和表情实现高效完全的镜像；其次是视频广告的节奏要慢。具体来说，就是要放慢动作、姿态和表情的表达过程。要像唐僧吃人参果一样，细嚼慢咽，而不是和猪八戒一样囫囵吞枣。要让用户能够感受到动作和表情发生的过程。放慢节奏，不单单便于观看者镜像，更重要的是，慢节奏会传达出一种幸福感和享受感，让人感觉画面中的人物很想停留在这样的情景中。

　　虽然镜像系统会强制让人模仿，但是最后模仿能否成功，还要看人们的情感需求。不是所有的动作和情绪反应，都会得到他人的模仿。情感和情绪方面的因素起着重要的决定作用。高兴的情绪总是很容易被模仿；负面的则不然。另外，最新的研究表明，观察者和被观察者之间的关系，也与是否有模仿行为存在一定的关联。比如，人们很少模仿与自己有竞争关系的人，一个成人也不会去模仿小朋友的行为。人们喜欢模仿的是与自己志同道合、趣味相投的人。模仿会让人与人之间产生认同感，认为彼此是同类。模仿是人与人之间建立起良好连接的信号。因此，在广告中出现的人物形象，要与受众群体的形象一致，要表现出相同的风格和爱好等，这样才更容易促成模仿。

第六章
渴望来自"连接"

1. 温暖比牛奶更重要

作为人类，我们有一个可以被彼此启动的大脑，能够轻松地模仿他人的行为。人类是社会性的动物，从一出生就注定无法脱离他人和群体独自生存。大脑的进化更多的是为了让个体更好地融入和适应社会群体的生存状态。

人类出生后，要到一岁左右才能学会独立行走，而其他的哺乳动物，出生后一两个月甚至几分钟就能站立或奔跑了，比如小马

成瘾
如何设计让人上瘾的产品、品牌和观念

驹一出生就能围着妈妈奔跑。而人类需要在长时间的悉心照料下才能存活。对人类这种长期依赖他人生存的群居动物来说，被边缘化、被孤立是致命的。所以人类一出生就需要具备与照看者建立依恋关系的能力。还好人类一出生就自带了一套"依恋系统"。

早在二十世纪五六十年代，英国精神分析师约翰·鲍尔比就提出了"依恋"的概念。他指出每个人生来就携带着一套监控自己与照看者之间亲密程度的"依恋系统"。当自己与照看者产生距离或者被抛弃的时候，依恋系统就会报警。婴儿会通过哭闹来表达自己与照看者分离的痛苦，以此来提醒照看者离开了让自己感到安全的区域。人们在生活中经常看到这样的情景，母亲一离开，她的小宝宝马上就会开始哭闹。而当婴儿哭闹的时候，哺乳期的母亲还会产生一种反射——涨奶。从这点来看，依恋关系是彼此的。婴儿依恋母亲，母亲在很大程度上也依恋婴儿。

心理学家哈里·哈洛对灵长类动物的依恋现象做了系统的研究。其中一个非常经典的实验倍受人们的关注。他把刚出生的猴子与它们的母亲分开饲养。与此同时，他又为这只小猴子制造了两只假"妈妈"。一个假妈妈是用铁丝编织而成的，外形有点像一只成年的猴子。重要的是这个假妈妈能够为小猴子喂牛奶。另一个假妈妈是用绒布包成的，它的表面像妈妈的怀抱一样温暖，但是不能为小猴子提供牛奶。然后，哈洛对小猴子进行了跟踪观

第二部分
瘾品化的三要素

察,他想看看小猴子更喜欢哪个妈妈。你也可以猜测一下,小猴子是喜欢能让自己吃饱的牛奶还是更喜欢妈妈般的温暖呢?

实验结果发现,小猴子每天都有将近 18 个小时与绒布妈妈待在一起,几乎很少与铁丝妈妈待在一起,只是饿了、想吃奶的时候,才去找它。这个结果证明,小猴子更依恋那些让它们感觉像真正的母亲的东西,而不在于这个"妈妈"是否提供生存所需的食物。这个实验结论是不是让人感觉很错愕?它完全打破了人们"有奶便是娘"的常规认识。这个实验让我们意识到原来人们对他人的依恋是如此重要,远远超过人们对食物的依赖。

起初照看者与婴儿建立的依恋关系,满足了彼此的需要。那么在婴儿成人后呢?还会存在这种依恋关系吗?有些神经学家认为,"依恋系统"这时就应该退出历史舞台了。但事实是,人们

成瘾
如何设计让人上瘾的产品、品牌和观念

的"依恋系统"终身携带,它会一直左右着我们的思想、情感和行为。人们与他人的依恋关系会延续到生命的终点。对于人这种社会性动物来说,合作互动是必不可少的。这种系统在人们长大成人后并没有消失,而是随着年龄的增长,表现形式和对象发生了变化。人们起初依恋的是母亲,长大后依恋的是伙伴、爱人、朋友等,最终泛化为依赖每个人。本书在后面的内容中会说到,任何陌生人的看法,都会对人们产生很大的影响。依恋起初的表现形式是爱抚、哭闹,成人后变成了认可、赞许、伤心、痛苦等社会性的行为。人从出生就在努力与他人建立一种依恋关系,就在不断地建立社会连接。人对社会连接有着强烈的依赖。良好的社会连接表现为被接纳、认同和肯定。

从一些心理学家、神经学家和社会学家的研究来看,人类这种社会性动物的生存必需品不只有食物,还有良好的社会连接。如果无法与社会建立良好的社会连接,那么对人来说是致命的。电影《意外的幸运签》就很好地诠释了社会连接对人们生存的重要性。一个人死后见到了天使。天使告诉他,生前他是一个罪恶的灵魂,但幸运的是他现在获得了一次重返人间修行的机会。他将以小林真的身份重新活一次。小林真在三天前试图自杀,现在躺在医院里抢救。他附在了小林真的体内,开始过小林真的生活。他慢慢地发现,小林真的生活实在是太悲惨了。在学校里他

第二部分
瘾品化的三要素

没有朋友，总是受到同学的排挤；他母亲与父亲的关系也形同虚设，而且母亲还和别人有婚外情；他发现就连自己暗恋的女孩也在偷偷地做援交……总之，他的生活没有什么值得高兴的事情，所以他选择了自杀。

起初他感觉小林真的生活实在是没有什么值得过的地方，他对身边的人也是冷漠无情、漠不关心。后来，在天使的再三引导下，他终于敞开心扉开始认真地过小林真的生活。他鼓起勇气和暗恋的女孩接触，女孩很坦诚地告诉他自己为什么要做援交。他也体会到了妈妈出轨后内心承受的巨大痛苦。他和班上的一个同学成了好朋友。后来，当家人全力支持他考自己喜欢的美术专科高中时，他却选择了一所普通的高中。这其中的原因真的是让人痛心。

他说："我和别人约好了，和早乙女（他在班上的朋友），我们要进同一所高中。"哥哥愤怒地说："难道你就这样来决定你的高中？"小林真泪流满面地说："早乙女是我交到的第一个朋友，是我第一次交到的朋友。说起来很丢人，我在班上受排挤，我自己也放弃自己了，我在身边筑起一道墙，不和别人交往。可是早乙女和我聊了很多，还带我去买鞋，和我一起读书准备考试……我好高兴。所以我想和早乙女念同一所高中，我也想交其他的朋友，跟朋友有说有笑地去上学，放学之后顺便去逛逛街。我想在高中度过的是那种普通到极点的平凡生活。"这段对白实在是让人感动不已。想想人要的是什么呢？其实很简单。

他修行的期限就要到了，因为他与身边的人建立起了良好的连接，交到了朋友，理解了家人和自己暗恋的女孩等。他开始对小林真的生活恋恋不舍，并且渐渐爱上了这个世界。最后，他见到天使的时候说："我知道我是谁了，我就是小林真，我犯了错，我杀死了自己。我现在很喜欢这样的生活。"天使说："恭喜你了，你的挑战成功了。小林真不必离开，可以继续他美好的生活。"

这部电影很打动我。感动之余也让我很同情人这种动物。人类其实很脆弱很渺小，需要生活在一种互相依存的关系中。人时刻都在试图通过各种方法去与他人建立良好的连接。从这部电影中，大家可以看到社会连接对人的生存来说是多么重要。很多时候，人说的不能活，并不是不能活下去了，而是不能孤独地活、心无挂念地活。往人性深处挖掘，大家会发现成瘾的行为和社会性存在密切关系。

2. 连接——为了那醉人的甜蜜

你能想象到当人们听到"你真可爱，你真善良，你真有气质"这类话时，大脑会有什么样的反应吗？接下来我们就来看一

第二部分
瘾品化的三要素

看,当人们在得到肯定、认同的时候,大脑是如何反应的。毕竟这意味着你与他人建立了良好的连接。神经学家特里斯滕·稻垣和娜奥米·艾森伯格,曾做过一系列的实验,来观察人们在受到他人肯定和认同的时候大脑的反应。他们邀请了一些被试,让这些被试联系了他们生命最重要的一些人,比如朋友、家人、同学等。让这些人写两封信来描述被试:一封信的内容不带任何情感色彩,是对事实的陈述,就比如,她的头发是棕色的等。而另一封信则要用非常积极的、带有强烈感情色彩的语言来描述被试者,就比如,她是一个非常有爱心的人等。

接下来,研究人员让被试躺在核磁共振成像仪里阅读这些信,同时对他们的大脑进行扫描。结果发现,当被试看到那些对自己积极正面的描写时,这些话居然激活了他们大脑中人们吃冰淇淋时才能激活的脑区。这是不是不可思议呢?原来人们常常把那些好听的话,形容成"甜言蜜语"是真实和恰当的。对大脑来说,这些好听的话和冰淇淋、巧克力、糖果一样甜蜜。而且让研究人员感到意外的事情是,大多数被试都愿意拿参加实验获得的全部报酬,来换取那封甜蜜的信。这也充分说明,甜言蜜语不但很甜蜜,而且很值钱。

这个实验也证实了,为什么那些满嘴甜言蜜语的人更受欢迎。这其中最主要的原因是,人们喜欢自己被认可、认同的感

成瘾
如何设计让人上瘾的产品、品牌和观念

觉。温暖比牛奶更重要,甜言蜜意不但甜蜜而且很值钱。这是不是都说明,现如今人们与他人的互动,大多时候都是为了获得他人的认同、认可,都是试图与他人建立良好的连接呢?从某种意义上来说,是这样的。

其实,不单单是重要的人的认可,能带给人们良好的感觉。神经学家研究还发现,即便是陌生人的认同,也同样会产生这样的效果。神经学家们还做了另外一项实验来验证这一点。他们让被试躺在核磁共振成像仪里,让他们看屏幕上的一些陌生人的面部照片。每看完一张照片,研究人员就会告诉被试,照片上的人是否愿意和他聊天。结果就发现,当被告知这些陌生人愿意和他聊天时,被试的大脑奖赏系统便被激活了。也可以说,他人的认同会深入人们的大脑深处,激活大脑的愉悦回路。

科学家研究发现,人们的大脑确实非常"渴望"获得他人的积极评价。这种"渴望"的热烈程度,和人们上瘾的表现如出一辙。毕竟被认可、被认同、被爱,都意味着自己与这个社会具有良好的连接。口头的夸奖、鼓励,任何的甜言蜜语,甚至一个普通的搭讪,或者一个肯定的眼神、一件小礼物、一份小奖赏等,任何一种形式的肯定,都让人无限渴望。不管是和自己关系亲密的人,还是毫无关系的陌生人,人们都渴望得到他们的肯定和认同。人们与他人连接的渴望是无节制的,不但认为这种连接多多

第二部分
瘾品化的三要素

益善,而且不分场合地随时随地都渴望与别人连接。这种连接的渴望是强迫性的。凡是被关注到的人,人们都渴望得到他们的认同。人们与他人建立连接的渴望,是无分别、无止境的。社会连接已经不能用上瘾来形容了,而是像空气和水一样,是我们完全不可缺少的。

一个品牌的产品之所以让人上瘾,其中一定是因为它具备了社会连接的功能。它让人们感觉自己和别人有关系,或者可以和别人建立关系,以及可以让自我与自我建立一种良好的连接。连接的方式一般从三个层面体现出来。

第一,使用某品牌产品,会有融入某个人群的感觉。比如星巴克就具备这样的功能。星巴克有自己的专用语言,比如拿铁、卡布奇诺、热摩卡、大杯、升杯、脱脂、奶油等。其中拿铁和卡布奇诺,都是星巴克首次提出的咖啡概念。星巴克的员工上岗前,都通过了专用语言的培训。进入店内,星巴克的员工也会引导消费者用星巴克的语言交流。当人们用同样的语言沟通的时候,也就融入了整个星巴克的氛围之中。这会让人感觉自己就是其中一员。其实语言就发挥着这样的作用。当你在使用一种语言的时候,你就感觉自己成了某个群体的一部分。这就是星巴克营造语言氛围和环境氛围的目的所在——让你感觉自己是其中的一分子。这样氛围就有了一定的连接功能。同样当你拿着星巴克的

成瘾
如何设计让人上瘾的产品、品牌和观念

杯子喝咖啡的时候,你就和它代表的那些时尚、神秘的概念发生了关系。与这些概念和符号发生关系,建立联结,不用得到别人任何形式的认同,人们也会感觉自己属于时尚一族,也会有融入其中的感觉。

第二,使用某品牌产品,就能表达对某人的情感,就能与他建立良好的连接。现在你可以试想一下,当说到可口可乐的时候,你会想到什么。相关的调查显示,当人们想到可口可乐的时候,大部分人联想到的并不是饮料本身,而是可口可乐促进人与人之间互动的情景,就比如在晚宴上你给客人倒可乐的情景,父子二人一边看棒球比赛、一边喝可乐的情景等。基于这项调查,可口可乐曾推出了非常成功的一条广告口号:"可乐相伴,事事如意。"具体什么事情如意呢?那要看生活中有什么不如意的事情了。不就是同事关系、家庭关系、朋友关系吗?事事如意暗示着有可口可乐相伴,人们与同事和朋友的关系更加融洽,与孩子和妻子的关系更加亲密等。事事如意也给了消费者想象的空间。你自己去想吧,你有什么不如意的事情呢?可以对号入座。这就又激发了人们的想象,让人们把自己不如意的事情与可口可乐建立连接,借助可口可乐的魅力,化解人们不如意的事情。这样一来,可口可乐就成了人们与他人建立良好连接的工具。这就是人们对可口可乐上瘾的原因之一。

第二部分
瘾品化的三要素

很多品牌都展现出了这样的功能,比如"我选择洁净的衣服给他(孩子)自信,我选择汰渍""雀巢咖啡,温馨家庭的奥秘所在""好丽友,有仁有朋友"。这些都是让你与你看重的人、在意的人,建立良好连接的方式。

第三,某品牌产品可以让你直接表达对自我的认同。顺着人们建立的连接,摸到人们的内心深处,你会发现,人们努力建立的大部分连接,都是为了获得自我的认同,也就是自己对自己的认同。很多时候,品牌也直接而明确地表达对自我的认同感,比如麦当劳的"我就喜欢"就是典型的直接的自我认同。这就是自我与自我在建立良好的连接。

社会连接都是为了获得自我认同,也就是不再抗拒自己,或者说为抗拒的自己找到了一个自己认可的出路,如让自己认同自己是个时尚的人,是个为家人着想的人,是个我行我素的人等。社会连接就是让人们感觉自己"被爱着"和自己"爱着"。爱的对象不仅是他人,也包括自己。很多时候,自己爱着自己,对人们来说更重要。

3. 失连——让用户感觉到毁灭性的痛

人们无限渴望与他人建立良好的连接。一旦与他人连接失

成瘾
如何设计让人上瘾的产品、品牌和观念

败,人们便会体验到非常强烈的痛苦。

奇普·威廉姆斯曾经做过一个实验。他找来三个人,其中有两个人是研究组事先安排好的托儿,他们知道实验的目的,而另一个人则一无所知。研究人员告诉他们在实验真正开始之前,他们需要先在等待室等候。其实,当他们三个走进等待室的时候,这个实验就已经开始了。其中一个托儿,假装在角落里发现了一个网球,并且装作无聊开始玩球。他和另一个托儿互相抛球,你抛给我,我再抛给你。随后,他们邀请另一个人参与进来。但是就在他们玩得很欢快的时候,两个托儿忽然做出了一个可恶的举动。他们不再把球抛给另一个人,而是把他晾在一边,他们两个继续玩了起来。实验发现,在这种被排斥的状态下,被试会变得不知所措,情绪低落,感到自己受到了伤害。

后来,奇普·威廉姆斯把这个实验改成网络游戏的形式,做进一步的研究。研究人员让被试躺在功能性核磁共振成像仪里玩这个小游戏,并且告诉被试他是在和另外两个人一起玩这个网络游戏,而且他们也在接受大脑扫描。但实际上,他是在和程序虚拟的两个人玩游戏。和上面的真人游戏一样,在被试玩得正开心的时候,程序虚拟的两个人突然不再把球抛给被试。游戏结束后,研究人员请被试谈一下对这个小游戏的体会。被试们都说到了游戏中发生的那个让自己感到不愉快的环节。他们都对这样的

第二部分
瘾品化的三要素

情景表示出了不同程度的愤怒或难过。后来神经学家通过分析大脑的扫描数据发现，当被试受到排斥的时候，他们的大脑背侧前扣带回更活跃。

大脑背侧前扣带回，是人们经历生理疼痛时会激活的区域。比如你划破了手或扭伤了脚，身体受到疼痛的时候，就会激活这个大脑区域。这岂不是说明，当人们被抛弃、被排斥、被否定，受到社会性痛苦的时候，与身体感到疼痛的时候，激活的大脑区域是一致的吗？对，是这样的。在其他的一些研究中，也证实了这一点。也就是说，控制社会痛（情绪痛）和生理疼痛的脑区，是基本重叠的。那这又说明什么呢？这就说明社会痛和生理痛一样，都是实实在在存在于大脑中的痛。这也就说明当别人说你是个笨蛋的时候，就等于狠狠地在你的脸上扇了一巴掌。而小林真在学校里被孤立、被排斥所产生的痛苦和对自己身体伤害的痛苦是一样的。这种情况造成的痛苦是真实的痛，而不是摸不着的假痛。

我们回到奇普·威廉姆斯的实验中。当被试知道自己是在和程序虚拟的两个人玩球，知道自己被排斥是假的情况下，再让被试玩这个游戏，你认为他们还会感到愤怒和痛苦吗？结果研究发现，即便是这样，被试在玩游戏的时候，还是会感受到难过和愤怒。这就说明在很多时候，社会痛苦的感受是自动化的，是不

成瘾
如何设计让人上瘾的产品、品牌和观念

受理智控制的。很多时候,人们只对各种情景的表面状态做出反应,而不是对事实做出反应。这个实验同时也表明,只要你对他人表现出歧视、不友好,哪怕是开玩笑,或者给别人起个外号这样的事情,都能让人体验到痛苦和不悦。

人们在受到伤害的时候,自动借助一些方式来减轻自己的痛苦。而人们借助的行为,一般都是能给自己带来快感的行为,比如当一个人不开心的时候,常常会一个人喝酒,失恋的时候会疯狂购物、吃甜点等。喝酒、购物、吃甜点,都能刺激大脑释放多巴胺。这些行为都能减轻人们的痛苦。

既然跟别人开个挖苦讥讽的玩笑,或者制造一种假的排斥关系,就能让人们体验到社会痛。而这种痛产生的时候,人们又会试图借助一些方法来减轻痛苦。那么,商家是不是可以通过这种方式来激发消费者的购买欲呢?当然可以。很多商家都在这样做。大脑对社会痛是没有免疫力的。

一则广告就给我们开了一个这样的玩笑。在这个玩笑中,我们体验到了那种不流血的痛。那是一个男士沐浴露的广告。广告内容大致是这样的:在酒吧,一个英俊的男士,随着音乐穿梭在人群里,但是却招来了大家异样的眼光。原因是他洗澡时用的是男女通用的沐浴露,身上散发着一种女人的味道,就像是穿了

第二部分
瘾品化的三要素

一身女士睡衣一样。广告的旁白是"你还洗得像个女人吗？"意思是你还和女人用同款的沐浴露吗？你看你全身散发着一股女人味。这就是对那些与女人共用一种沐浴露的男性的一种讥讽。

即便这只是一则广告，也会让观众感受到一种隐隐的痛。这样的痛让你时刻担心别人会闻到自己身上的女人味。这种隐隐的痛足以让消费者做出购买行为。单从这条广告来看，它的确达到了打造男性专用沐浴露的目的。在以后的日子里，男性会很在意自己在这方面的生活习惯，在用和女性同款的产品时，就会感到不自在。也就是说，只要存在排斥、歧视、批评，无论它是以什么方式存在的，是直接的还是间接的，都会让人们感到痛苦。

制造"失连"就是让人们体会到自己不是以理想的方式存在着，体验到自己与自我理想的状态存在差距。无论这是真的还是假的，重点是只要你指出、提出了，人们就会质疑自己的存在方式。就像用了男女通用的沐浴露，谁会专门趴到别人身上去闻，又有多少人能分出哪些味道是男人专用的，哪些味道是女人专用的？但是大脑信了，它认为别人就是能知道，就是能闻到。

"失连"只是一个想法，但是这个想法会激起人们重新建立连接的行为。商家当然希望消费者顺着这个想法发现并喜欢上它的产品——通过产品来建立新的连接。

4. 暗连——让用户感觉是美好的存在

著名心理学家维克多·弗兰克尔，在二战时期与很多犹太人一样遭遇了巨大的不幸。他们的家人都被纳粹关进了奥斯维辛集中营。他的父母、妻子、哥哥，全都被推进了毒气室里，惨死在纳粹的暴行之下，只有他和妹妹幸存了下来。他能够在纳粹惨不忍睹、灭绝人性的迫害下存活下来，其中很大一个原因是他对妻子的爱。他在《活出生命的意义》这本经典著作中写道，对妻子的爱让他穿越了纳粹集中营地狱般的黑暗。

在他的书中，有一段话是这样的："我的思想依旧停留在妻子的背影上，思绪万千。我能听见她在与我说话，鼓励我活下去，我能看见她向我微笑。无论真实与否，我都坚信她的样子比早晨冉冉升起的太阳还要明亮，还要清晰……我的思想依旧停留在对妻子的思念中。有时候我在想：不知妻子是否还活着。当然我不可能搞清楚。但是那一刻，一切都不重要，也没有必要知道……即便她已经死去，也不影响我对她的殷切思念，我与她的精神对话同样生动，也同样令人满足。"

弗兰克尔指出回忆往事时内心产生的波澜，有助于囚徒们填

第二部分
瘾品化的三要素

满精神上的空虚、孤独。"思想会插上翅膀,去回味那些曾经发生的琐事。恋恋不舍地回忆使他们(那些囚徒)无比幸福……"这和前面说到的回忆过去可以带给人们更加美好的感觉是一样的。回忆过去的美好可以让囚徒感到生活并不仅仅是眼下看不到一丝光明的黑暗和绝望,还有一丝丝值得留恋的美好和希望。这就是想象的魅力所在。

同时,弗兰克尔的这段经历深深地印证了一种理论:即使在人们身边没有人可以互动和交流的时候,人们也可以从社交活动中获得快感。只要你心中有思念和想象的对象,无论他是否还活着,也不管他是真是假,都会让人感受到幸福感和满足感。人们与这个社会的连接,很多时候是发生在大脑里的。对一个美好对象的想象,也能让人们感觉自己与这个世界发生着美好的关系。也就是说,对一个形象的美好想象,也是良好的连接。这就是想象在社会连接中发挥的积极作用。

社会心理学家温迪·加德纳和辛迪·皮克特就认为,人们可以享受所谓的"社交零食"的快感。只要想着自己所爱的人,就能带给人们面对面交流的感觉;另外,看着心爱的人的照片,无论这个人是暗恋的对象,还是喜欢的某个明星,都会让人们感觉自己与之有良好的连接。

成瘾
如何设计让人上瘾的产品、品牌和观念

"暗连"对人们发挥着重要的积极的作用。在品牌中导入一个"暗连"的对象,也可以起到同样积极的作用,甚至可以让一个品牌起死回生。在"007系列电影"中,詹姆斯·邦德英俊潇洒、风流倜傥、无所不能、无所不通的形象,让很多人为之着迷。一提到邦德,人们就会想到他的三大标配元素:高级跑车、美女、神秘武器。那么你知道邦德的标配跑车是什么品牌吗?它就是阿斯顿·马丁。它是一个足以与法拉利、宾利、兰博基尼相媲美的豪车品牌。阿斯顿·马丁DB5车型,在1964年被选为詹姆斯·邦德的座驾。但在当时,这个有着100年历史的高级豪华轿车品牌,在过去有90年是处于亏损状态的,甚至一度经营不下去。它先后被接管和抵债七次,其中有一次还差一点儿销声匿迹。

2000年的时候,乌尔里奇·比斯接手了阿斯顿·马丁,是他让阿斯顿·马丁重获新生。他充分利用了品牌已有的两件法宝——赛车传统和邦德文化。他利用公司悠久的历史,宣扬阿斯顿·马丁的赛车文化,同时利用与詹姆斯·邦德的关联,来宣扬品牌的高贵品质,以及绅士、坚韧的品牌形象。这其中该品牌和邦德的联系发挥了巨大的作用。因为每个看过《007》的男性,都梦想成为他那样的人——绅士、优雅、高贵、智慧。

"007系列电影"每部都有让人难以忘却的回忆。随着电影

第二部分
瘾品化的三要素

一部一部推出，人们对它产生了很多美好的回忆和想象。那一幕幕美好的回忆，时常萦绕在人们的脑中。只要人们能够想起，就会把自我投射其中，就会感到一种力量，仿佛自己被007附身了一样。人们渴望变成他那样的人，具有他那样的力量。这就像我们想象那些英雄和美好形象一样，其中都有对他们的渴望，比如蜘蛛侠、芭比娃娃、绿巨人、钢铁侠等。而不同的是，007虽然是银幕上的英雄人物，但是他用着现实中的交通工具——阿斯顿·马丁。阿斯顿·马丁让人们对007的情怀有了着力点。所以通过007这条暗连，阿斯顿·马丁这个品牌被重新激活，起死回生了。这就像弗兰克尔对妻子的暗连，让他穿越死亡活了下来一样。另外，还有一个形象也有类似的产物——《变形金刚》中的大黄蜂。电影一经播出，大黄蜂的车型就获得了热销。

在品牌中导入暗连的对象，是将品牌与消费者紧密联系起来的方法。因为人们与这个对象有暗连关系，就会通过不停地咀嚼思想，来感受其中的美好。能够激发人们美好想象的品牌，才是成功的。人们对品牌暗连对象的美好想象，让人们渴望用他所用，说他所说，做他所做。这种暗连对象不一定是英雄、神、明星等，也可以是自己亲密的人、暗恋的人、虚构的人。但是，这些暗连对象一定要与消费者有情感联结，要符合消费者的自我情感需求。

还是那句话，任何连接都不是真的有关系，而是思想上的关系，并不是真的能变成，而是有变成的可能。连接是思想制造的，实质还是对自我的强化——感到自己是一种美好的存在。人们在想象美好事物的时候，自己也会变得美好。

5. 超连——寻求更美好的自我感觉

人们在借助他人获得良好感觉的模式中，还有一种模式那就是超连。超连是人们试图摆脱与他人的连接，来获得一种与众不同，或者是比他人好的自我感觉。

德国波恩大学心理学家曾做过一项研究。他们找来19对被试，将这些被试两两配对来玩一个小游戏，并同时对他们的脑部进行扫描。这个小游戏很简单，是让被试判断电脑屏幕上小黑点数量的多少。游戏开始后，屏幕上会呈现一堆小黑点，停留1.5秒后，又会出现一个具体的数字，比如26。这时被试要快速按键，判断小黑点的数目，是比这个数字大还是小。随后屏幕上会显示两者的成绩和获得的奖金。

这个游戏的奖励规则是这样的：如果只有一个人答对，答对的一方可以获得一个固定金额的奖赏，答错的一方没有报酬。如果两个人都答对的话，电脑会随机给他们一些报酬。这种情况

第二部分
瘾品化的三要素

下,两人获得的报酬可能会相同,可能会差不多,也可能会相差很大。

实验比较了各种情况下的脑区反应,结果发现,当两名被试在都答对的情况下,获得的报酬有差别时,获得奖赏多的一方,大脑奖赏脑区最活跃。这就像在微信群里抢红包。有人发了个小红包,一堆人抢,结果你抢了一块钱,还是手气最佳。这也要比你抢了十块钱,却是手气最差的,要开心得多。也就是说,"我比你多、我比你好、我比你强"能更有效地激活大脑的奖赏回路。

人们渴望被认同,被喜欢、被肯定,这会让我们感觉良好。这只是人们借助他人获得良好感觉的开始,并不是终点。当人们被他人接纳,被群体接纳后,这意味着人们与他人建立了良好的连接。接下来,人们会开启追求良好感觉的另一个模式——寻求独特性,也就是要证明自己比别人好,与别人不一样。一般情况下,人们是在得到群体认同的情况下才会寻求自我独特性的。人们想要通过证明自己别人好,来获得更美好的自我感觉。这里你必须要明白的一点是寻求独特性是建立在与他人有良好连接的基础上的,没有与他人建立良好连接,寻求独特性是一个假命题。同样的,当大家在同等条件和同样环境下竞争的时候,人们也会渴望与他人区别开来,让自己体验到我比你强,比你们好。这就

成瘾
如何设计让人上瘾的产品、品牌和观念

是人们为什么只是抢到了1元钱,但是比别人抢的多也会非常开心的原因。

用户是想品牌和产品中得到认同感还是独特感,这是商家必须要搞清楚的事情,不然的话,品牌中的连接功能将无法发挥作用。到底消费者想要从品牌中获得什么样的连接功能,这完全取决于品牌的受众群体的生存状态。不同的群体他们情感需求是不同。

我们来看一下瑞幸咖啡想要让用户在品牌中,获得什么样的连接功能。瑞幸咖啡的品牌广告,其中一段独白是这样,"别替我挑角色,我只选喜欢的;别要我走老路,我只打破套路;别让我随大流,我只跟自己走;别跟我扯别的,我只听自己的"。最后的广告语是"我自有道理"。我们通过这个广告可以感觉到品牌是想让消费者通过品牌来获得一种独特性。品牌在标榜一种我行我素的品牌个性。而瑞幸咖啡的受众人群,实际上是初入职场、入世不深的中低端人群。这里我们想一下这个人群追求的是什么感觉?其实更多是认同感。就比如刚毕业的大学生他们最渴望什么?他们特别想融入一个群体,进入一种向往的职场环境。比如想进入一家大公司上班或者是在北京CBD的高级写字楼上班。他们这时很渴望成为一名名副其实的都市白领。这个时候的他们没有工作经验,没有社会阅历,他们更多的是渴望得到社会

第二部分
瘾品化的三要素

认同和接纳。

面对这样的受众人群,品牌宣传能让用户获得一种独特性,这违背了受众群体的真实需求。当这样的群体接受了品牌彰显独特性的理念,消费者不但不能在职场中更好地融入群体,还很有可能被边缘,甚至是被群体排挤和排斥。我们举个例子来说吧,在一次例会上,大家在讨论一个产品的文案,别人针对你的文案给了一些修改意见,如果受到品牌理念的影响,这时你想年轻人就要坚持做自己,就是要有自己的主见。于是,你很不情愿接受他人的意见,反驳大家说"我这样写,我自有道理"。如果你总是在工作中想要表达这种自我的独特性,那么一来二去,同事们就会认为你是个不善于合作的刺头。这样的话在你还没有很好地融入这个群体的时候就被群体边缘化了。这就是群体与品牌宣传的连接功能不一致时,对消费者造成负面影响。品牌一定明白的是品牌对用户的塑造是重大的。

针对初入职场的受众品牌更应该宣传一种积极、正面、谦逊的生活态度。这样的生活态度才能让初入职场、入世不深的个体,更好地融入群体,适应群体,被群体更好地接纳。这样的话品牌对用户的影响是正面良性的。当你怀着积极、正面、谦卑的态度工作的时候,会得到更多成长的机会,更好地融入群体,而不是通过"我自有道理"这种自以为是的态度来面对工作和他

成瘾
如何设计让人上瘾的产品、品牌和观念

人。相反的,如果品牌受众是中高端的消费者,那么品牌宣扬和彰显一种自我的独特性就会大不一样。就比如星巴克,他们宣传品牌承载着一种自我的独特性就恰到好处,因为品牌的受众基本上是有一定社会和职场经验人群,他们渴望更高的提升空间,想在群体实现更高的价值,想要在群体中表现独特性的一面的。这样一来高端人群与标榜独特性的品牌理念就能实现彼此的良性推动作用。日常生活中寻求独特性的行为有很多,就比如机场安检走贵宾通道;乘飞机坐商务舱;孩子要上贵族学校;消费高档品牌等等其实都是在寻求一种独特感,都在暗示我与你们不一样,想把自己从某个稳定的群体中剥离出来。

人们寻求独特的自我是为了超越他人表现自我的与众不同,想要实现不一样的自我。也就是现有群体不能再让自我感觉良好,试图寻求更高层次的自我良好感觉。超连是人们想要体验一种超越现有自我认同的更美好感觉,想与更美好的自我连接。

在品牌和产品中是否注入超连,要看品牌的目标受众的生存状态来决定。品牌传达的核心情感与受众的自我情感需求不一致,品牌将无法扎根用户的大脑。

第二部分
瘾品化的三要素

6. 不能抛开他人而成瘾

我选择洁净的衣服给他自信，我选择汰渍（相对来说别人不自信，不自信是不好的）；

舒肤佳，促进健康为全家（做个为家人着想的人）；

佳能，我们看得见你想表达什么（别人更理解我）；

雀巢咖啡，事事因你而精彩（我可以带给你精彩的生活）；

……

仔细地感受一下这些广告语的用意，你会发现这其中都有暗指的对象——他人。这样说吧，品牌传达的信息都要有个暗指的对象。因为在生活中，人们表达出来的大部分意图，最多深挖三层，就会看到隐藏其后的他人。就比如，为什么要自信，还不是为了更多地得到他人的认同吗？也可以这样说，如果人们的行为不指向一个对象，人们就根本不知道为什么要做这些、做那些，也不会有什么匮乏感和欲望。

所有的社会性想法，在人们的日常交流中都体现得淋漓尽致。你可以趁在咖啡厅喝咖啡的时候，偷偷听一下邻桌的人们都在谈论什么。你会发现，他们聊的基本上都是别人，说的都是些

成瘾
如何设计让人上瘾的产品、品牌和观念

东家长西家短这样的话题。社会学家尼古拉·爱慕勒，就曾经深入研究过人们的谈话内容。他发现人们交谈的内容，80%~90%都跟具体的名字和熟悉的人有关。也就是说，人们的交谈，大多都是社交性的闲聊。这一切都源自人们社会性的存在状态。人是社会性的动物，人的行为也都出自社会性的需求。

对于品牌成瘾，不能只研究个人的大脑，还必须考虑人类大脑彼此之间的作用。毕竟，品牌成瘾是社会性的作用导致的。没有他人对你的影响，你是不会对一个事物上瘾的。

在《一个购物狂的自白》中，丽贝卡之所以疯狂地购买名牌产品，要追溯到她小时候的经历。小时候她穿的是妈妈以超低折扣买来的鞋子——实惠、老式、可以穿一辈子的、并不漂亮的鞋子。而其他小朋友的鞋子都是妈妈以原价买的——漂亮、可以耀眼三周、名牌。别的小朋友看到她穿的鞋子，都嘲笑她很土。这让她心中产生了强烈的自卑感和匮乏感。所以她立志长大后，要穿更多更漂亮的衣服。她对品牌上瘾的原因，就是他人引发的匮乏感。

丽贝卡之所以疯狂地购物，是因为她认为这些名牌穿在自己身上，别人会用不一样的眼光看自己。就比如，走在大街上帅气的男生会对自己微笑，这样的感觉就像吃了蜜一样甜。我相信

第二部分
瘾品化的三要素

这种甜蜜是真实的,真的和吃蜜的感觉是一样的。我们在前面讲到,他人的肯定让我们产生的快感,是真实发生在大脑中的。这里要说的是,丽贝卡对品牌上瘾,无论从哪个角度深究,都是在他人影响下产生的。她太在意别人怎么看自己,太想在别人面前表现自己。

人们都认为自己有独立且独一无二的自我,认为可以通过努力活得与众不同。但这只是自我感制造的错觉。人们必须通过他人才能认识自我、塑造自我。丽贝卡认为自己穿上那些品牌,就会实现不一样的自我,这就是一种错觉。人们的自我都是社会性的产物,没有绝对的独特。所谓独特的自我是一种错觉,目的是变相寻求自我更良好的感觉。你如果感觉自己很独特更多是你的自我意志制造的一种错觉。

心理学家乔治·赫伯特·米德和查尔斯·库里,曾提出过一个著名的概念叫"反映性评价"。这个概念的意思是:每个人都会从他人那里得到许多关于自己的反馈信息。这些信息有些是语言的、有些是非语言的。人们就是利用这些信息来理解自己到底是谁的。下面这个经典的扑克牌游戏,就很好地证实了这一观点。假设有20个人一起玩这个游戏,大家从一副标准的扑克牌里任意抽出一张,并把它举到自己的头顶上。每个人都不知道自己的牌是多少,但是却可以看到其他所有人的牌。然后每个人都

成瘾
如何设计让人上瘾的产品、品牌和观念

要找到一个人来与自己进行配对，配对的目的是要组成一对牌面最大的牌。你知道所有人牌面的大小，唯独不知道自己的。但是游戏开始后不久，这种局面马上就会被打破，你马上就会知道自己的牌是大还是小。这是怎么做到的呢？因为拿到红桃A的那个人，将会有一大批"追求者"，每个人都希望选择他与自己配对。而拿到黑桃2的那个人，并没有什么人愿意和他配对。这样一来人们当然很快就知道自己牌面的大小了。

人们认识自己的方法，与这个小游戏有很大的相似之处。在一般情况下，人们并不真正了解自己到底是谁，是怎样的人，想要什么。每个人都是通过观察别人，来找到和发现自我的。他人对我们的影响，有时候是我们可以清楚意识到的，但是更多时候是潜移默化的，也是深层次的。

有些人认为自己理所当然地了解自己的内心想要什么，不会受到其他人的影响。那我问你，为什么男性会喜欢穿蓝色系或者灰色系的衣服，而不是粉色系的呢？他们又为什么会喜欢变形金刚、钢铁侠，而不是芭比娃娃和白雪公主呢？你也许会说，这还用问？因为那是女孩子穿的衣服和玩的东西呀。那我再问你，你是怎么知道的呢？你也许会说大家都是这样认为的啊。那么，这个判断是你自己的，还是大家的呢？是你真正喜欢蓝色呢，还是别人告诉你不能喜欢粉色呢？看一看同性恋在当今社会的尴尬局

第二部分
瘾品化的三要素

面，这一切就明了了。这就像是土黄色的服装在没有流行起来的时候，大家都感觉它土。一旦流行起来，人们又会认为它哪都好，款式好、材料好、剪裁好。人们会有意无意地追随模仿别人，而且大部分时候没有意识到自己是在被别人牵着走。

人类是社会性的动物，也长了一个社会性的大脑。每个人都没有完全独特的自我，自我其实是被格式化的。自我是标着"我"的一个错觉，是一种执着于"我"的信念。自我的大部分需求，都是在他人的影响下激发的。一个人对什么上瘾，在很大程度上取决于他人的影响。抛开他人的作用，能让人上瘾的事物是非常有限的。

第三部分

瘾品就是自我刺激的开关

第七章
谁是大脑真正的主人

1. 如何让一个想法变得可操作

瘾品就是刺激大脑产生美好感觉的自我刺激开关。要想把品牌和产品打造成与大脑中美好感觉链接的自我刺激开关。首先我们要知道如何把一个想法变得可操作化。因为我们对他人大脑的控制都是从信息开始的。

我的朋友阿杰有一个坚守了 30 多年的禁忌，那就是他从不

成瘾
如何设计让人上瘾的产品、品牌和观念

吃苹果,坚决不吃。原因是他小时候有一次吃苹果酸倒了牙。这让他在一周的时间里都无法正常吃饭。后来他的家人常常劝他吃苹果,但是丝毫都不能让他动摇。

有一天,他要到我家来做客,我想试试看能不能打破他坚守了30多年的禁忌。我特意准备了一些又大又红的苹果摆放在茶几上。聊天中,我拿了一个苹果给他。他摇摇头说:"你又不是不知道,我从来不吃苹果,就别跟我客气了!"

我说:"又不是所有的苹果都那么酸。"

他还是坚定地说:"不行,不行!是我的牙和别人的不一样!"

我一脸惋惜地说:"哎,这么好吃的水果却一直在你的黑名单里,真可惜!"

说着我张开大嘴一口咬掉少半个苹果,咔嚓咔嚓地嚼起来,还边吃边说:"嗯,好甜啊!"

我三口两口就吃完了那个苹果,对他说:"我们打个赌吧。我赌你一周之内一定会开始吃苹果。"

他一脸坚决地说:"根本不可能,我都30多年不吃了。"

我说:"我打赌你这次一定会开始吃的。"

第三部分
瘾品就是自我刺激的开关

这次打赌到底是谁赢了呢？阿杰是否真的开始吃苹果了？我又为什么那么有把握地断定他会在一周之内开始吃苹果呢？

就在我们打完赌的第三天，奇迹发生了。他给我发微信说："今天路过超市的时候，我买了几个苹果尝了尝，原来现在的苹果没有我想象的那么酸。"

他之所以给我发微信，并不是想要告诉我他又开始吃苹果了。而是因为他非常想知道，我怎么就能断定他会在一周之内开始吃苹果，他甚至怀疑我是不是对他进行了催眠。

接下来我们就来看看我释放的那些信息，是如何改变了阿杰的行为的。首先，我的那些信息要引起阿杰的关注。什么样的信息能在他人接受信息时引发关注呢？那就是带有鲜明情感和确定的信息。

我在阿杰面前做出吃苹果很享受的样子，就是带有鲜明情感的信息，这意味着我在享受美好的事物。另外，我与阿杰打赌而且还设定了一周的时间，这都是提升信息的确定性。在前面我们说到，提升信息中的确定性会促使他人积极的采取行动，在这里提升信息的确定性，是为了让阿杰感到自己没有掌控着真相，从而提升他想要掌控和搞明白的意志。可以说我传达的那些信息都带有了鲜明的情感。

成瘾
如何设计让人上瘾的产品、品牌和观念

信息转变成行为第一步就是,信息要情感鲜明,也就是要让大脑可感知。我们前面说过,情感是启动大脑中感觉的"点火"器,能让大脑对信息可感知、可理解。信息中的鲜明情感会把信息分为好的坏的、美的丑的等,这设定了大脑朝什么方向思维和行为。

鲜明的情感启动了大脑中的感觉,设定了大脑的思维方向。接下来,第二步就是让大脑对信息进行深度编辑——自我化。深度编辑的过程就是让大脑与自我发生关系。情感鲜明能引起大脑的关注,但很多时候并不能直接影响他人的行为。信息要想持续的牵制大脑关注,高效的左右行为,就必须让信息与自我发生关系。也就是让信息的好坏决定自我的好坏。就比如阿杰接受我的那些信息后,他会想不吃苹果这件事情,是不是意味着自己错了,或者是不是意味着自己正在错过美好的东西等等。这意味着他正在以一种不理想的状态存在着。信息在自我化后有了编故事和思维的主角。这才使得信息可以深度编辑信息与我有关才会变得重要,才能真正发挥改变行为的作用。包括人们关注到他们自己,也是这样。

社会心理学家罗伯特·维克隆德和谢利·杜瓦尔曾做过一些研究。他们让被试坐在镜子前,或者告诉被试者正在给他们录像。结果发现,在这样的状态下,被试者的行为会发生改变。他们在执行实验任务的时候,会更加认真和努力。回答问卷的答

第三部分
瘾品就是自我刺激的开关

案,也与他们的实际情况更相符。他们行动会前后也表现得更加一致,更符合自己的价值观。研究发现,一旦进入自我意识,人们就总是会把"自己实际的样子,与自己可能或应该的样子"做比较。也就是说,人们会拿眼前的自己(实际的自己)和理想中的自己相比较。从而把自己的行为往理想中的样子调整——这就是为我所用,实现自我变得更美好的目标。

同样地,当人们注意到他们自己的时候,也会尽量让自己更言行一致,更多表现自己美好的一面。当人们注意到镜子里的自己的时候,会想"我的鼻梁有点低,我说话的样子有点怯,我今天的发型有点乱,我穿的衣服有点肥……"你去看每个照镜子的人,你会发现他们都在镜子前扭来扭去找最佳角度来展示自己。鼻子、眼睛,人们的长相一直与自己相伴,本来没有什么问题,但是一旦我们刻意去注意它们,本来没有问题的事情就成了重要的事情。这就是自我的情感和意志附加在信息中发生的转变。你会想低鼻梁显得自己没有气质,显得自己的五官不立体。这样的自己恐怕不会招人喜欢,没有吸引力。

信息与自我关系越绝对,对人们的影响就越大。比如自己不受欢迎的根本原因是自己的鼻梁低。把不受欢迎的原因绝对化,人们就越是容易去做一起事情来改变不如意的状态。我们前面说过,把失败和不如意的理由唯一化,更能激起人们行动的意志。

成瘾
如何设计让人上瘾的产品、品牌和观念

信息与自我相关后,信息中带有的好坏、美丑、善恶等鲜明的情感,就会指向自我——信息会让人们认为自己是好是坏,是美是丑,是善是恶等。这样一来,人们才认出了什么是不理想、不如意、有局限、不完美的自己,以及什么是完美的、美好的、无局限的自己。信息意味着"我是好是坏"唤起了人们的自我情感,让人们感知到了自己以一种什么样的方式存在着。这时大脑中的自我情感开关就会产生,一端是好的、理想的自我,渴望成为的自我,也就是想要开启的自我;一端是不好的、不如意的,不想成为的自我,也就是想要关闭的自我。这就好比是一个开关的两端,一端是开启,一端是关闭,所以我们把它称作自我情感开关。

自我情感开关的产生之后就是自我意志的产生。自我情感让人们的自我意志有了用力的方向——是要还是不要,是逃还是追。自我意志会渴望开启美好的自我,试图逃离关闭糟糕的自我。

第三部分
瘾品就是自我刺激的开关

第三步，进行自我表达。大脑在围绕信息编辑、思想的时候，激起的自我意志无论是渴望按下关闭的一端还是开启的一端，都会制造内心的冲突。冲突会让大脑越来越热，就像阿杰围绕我说的那些话思想，他会越想越冲动。而且当大脑产生变成、逃离的意志时，无法如愿是件非常痛苦的事情。在这种冲动和痛苦的局面这下，大脑为了快速解除这种冲突的状态，找到了解除冲突的捷径那就是自我表达。自我表达是借助各种形象、符号、概念、理念、形式等等来表达自我。自我表达有两种，一种是掩盖不如意的自我，一种是把自己装扮成理想中的样子。人们有自我表达的欲望才有了各种莫名其妙的需求，才有了对LV、苹果、宝马、奔驰等等这些品牌的苛求。这都是因为它们有自我表达的功能，都承载着自我逃离和触及理想彼岸的可能。说白了，我们眼前的这个花花世界，就是自我表达的结果。

我们每个人都被自我情感所困，每个人都深深地爱着理想里的那个我，抗拒真实的满是局限的我。人们对自我的爱，远远超过对真实的自己的爱。更可怕的是，我们对自我的爱，很多时候是建立在伤害真实的自己的基础上的。比如为了买个苹果手机，把自己的肾给卖了，或者为了买个LV的包，透支了自己好几个月的生活费，还有最近出现的校园"裸贷"等等。生活中每天都在发生着这样不可思议的事实。这都是在自我情感和意志的作用下，人们做出的疯狂行为。

2. "我"真实存在大脑中

我们一直在谈自我。当我们引入自我这个概念的时候，不免需要对它做出一个准确的定义。关于自我，从威廉·詹姆斯的宾我和主我，到弗洛伊德的本我、自我、超我，再到一些哲学家的大我、小我，到目前为止，哲学、心理学和神经科学领域，也没有一个对"自我"公认的、一致的定义，不同领域的定义各有侧重。在我看来，狭义、简单、直接地理解，自我不外乎就是关于"我"或者围绕"我"产生的一些想法和意志。心理学专业的解释是，自我就是自我意识或自我概念，主要是指个体对自己存在状态的认知，是个体对其社会角色进行自我评价的结果。比如我认为自己是什么样的人，想成为什么样的人，我喜欢什么，不喜欢什么等。这些思想有的直接和"我"有关系，比如"我感觉我很没有用"；也有的间接和"我"有关，比如"我知道蓝色是深邃的颜色"，意味着我知道、我懂；有的是我们意识到的，比如"我知道我在想"；也有的是我们没有意识到的，比如"我没有意识到自己说了一些谎话"。只要是围绕"我"展开的思想和感受，都是自我。更加确切地说，没有自我的意志就没有自我，没有意志自我就不存在。如果广义、深刻地理解，自我就是意识、感

第三部分
瘾品就是自我刺激的开关

觉、思想、意志、时间,是人类所有特性的总和。

前面已经谈到,人们之所以感到有个实实在在的"我"存在,是因为自我意志制造了自我真实存在的感觉。想象"我"的时候,比有个实实在在的我,还要更真实和有感觉。这让人们认为自我是真实存在的。没有这些感觉,自我就没有所谓的存在不存在。自我存在于意志和感觉里,无论人们怎么分析自我,都是在分析一堆看不见的思想和意志。

尽管自我确实是一堆思想,是一堆关于"我"的想法,但是大家可千万不要认为,自我是根本不存在的东西。在人类的大脑中,专门有一片区域用来支撑这些思想。也就是说,自我实实在在地存在于人类的大脑中,而且它就藏在大脑额头的位置。达特茅斯学院的三位著名社会神经学家,比尔·凯利、托德·海瑟顿和尼尔·麦克雷,通过实验找到了自我在大脑中藏匿的位置。

他们设计了一个非常简单而又精妙的大脑扫描实验。他们让被试看一些像"诚实""健谈"这样的形容词,然后观察他们的大脑反应。首先,他们让被试们判断这些形容词是否恰到好处地描述了美国前总统乔治·沃克·布什。然后再让他们判断这些形容词是否非常确切地描述了被试自己。他们想通过这个实验来看一看,当人们认为用来形容布什的那些形容词,反过来形容他们自己时,哪些脑区更加活跃。结果发现,大脑中有两个区域被激活了。它们就是前额叶皮层和顶叶皮层。

在另一项深入的研究中,科学家们更加精确地指出了自我所在的区域。他们发现,当人们从概念上思考自己和认识自己的时候,激活的大脑区域是内侧前额叶皮层。也就是说,正是内侧前额叶皮层,让人们产生了"我"的感觉。后来的研究进一步证实了这种观点。研究人员要求年龄在13岁左右的青少年,说出他们对自我的直接评价,也就是认为自己是怎样的人,比如我认为自己很聪明。以及他们认为别人又是怎样评价自己的,比如我的朋友们认为我非常聪明。研究结果表明,无论是自己直接评价自己,还是猜测别人怎么评价自己,两者都激活了大脑的自我脑区。也就是说,当人们体验到自我良好感觉的时候,是大脑的愉悦回路被激活,释放出了多巴胺。这就是自我奖赏的生理基础。关于品牌成瘾的研究,就是建立在这样强有力的生理基础上的。

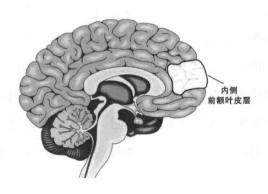

第三部分
瘾品就是自我刺激的开关

3. 谁在为你做主

在开始讨论如何打造和控制自我情感开关之前,大家还是要了解一下,人为干预自我情感开关的价值是什么。看看它对人们有什么样的实际影响。

在神经学家马修·利伯曼与他的团队进行的一项研究中,他们试图说服一些加利福尼亚大学洛杉矶分校的大学生,更加频繁地使用防晒霜。理由是洛杉矶这个地方靠近沙漠、阳光非常充沛,因此那里的人们应该增加防晒霜的使用次数,来保护自己的皮肤。

实验开始的时候,研究人员先问了一些与防晒霜使用习惯相关的问题。比如,上个星期使用了多少次防晒霜?下个星期打算使用多少次?在多大程度上认为人们应该经常使用防晒霜?然后再让这些学生躺在功能性核磁共振成像仪中,观看由美国皮肤病协会等机构制作的一个短片。短片介绍了人们应该如何使用防晒霜,以及防晒霜有哪些功效。大脑扫描结束后,研究人员让学生们对人们常用的防晒霜的功效和使用方法进行评价,并说一说自己接下来打算如何使用防晒霜。

一些被试告诉研究者,他们从短片中获得了正确的防晒理念。还有一些被试只是敷衍了事地说了一些感激的话,因为他们

成瘾
如何设计让人上瘾的产品、品牌和观念

根本不认可短片中的观点。其实,这些被试嘴上说什么,与事实上他们将怎么做,基本上没有什么关系。这些人即便在看过短片后,嘴上说会改变自己使用防晒霜的习惯,但他们未必真的能够做到。

一个星期后,研究者们在没有提前通知这些被试的情况下,突然联系他们,询问他们在过去一周内使用防晒霜的情况。这样做是为了让他们在没有心理准备的情况下,做出更加客观的回答。研究人员发现,有些人增加了防晒霜的使用次数,而有些人则没有。他们的实际行为与之前他们告诉研究人员的计划,几乎没有什么关系。之前说会改变的人,他们的使用方式并没有变化,而那些没有说要改变的人,反而可能增加了使用次数。也就是,口头承诺与实际行动之间没有相关性。

那么在这里大家不免就会好奇,他们的行为是否会改变,与什么有关系呢?研究者通过对他们的大脑扫描发现,行为是否会改变,和大脑的自我区域(内侧前额叶皮层)的激活程度存在密切的关系。也可以说,根据观看短片时学生们大脑的激活情况,可以预测出他们未来是否会做出改变。通过被试在看到短片时大脑内侧前额叶皮层的活跃程度,人们能够相当好地预测出,被试下周使用防晒霜的变化。在看到短片中的劝说信息时,大脑中的自我脑区越活跃的被试,越有可能增加防晒霜的使用次数。这项

第三部分
瘾品就是自我刺激的开关

研究证明，在接受劝说性信息后，被试对防晒霜的认识和使用确实会发生改变，但是，这种改变几乎不会进入他们的意识层面。这种改变是潜移默化的，是不被人们觉察的。

这项实验也证明了另一点：自我意识很多时候是不容易被人们觉察的，即便人们意识到了，也不一定能捕捉到它，或者能够表达它。但它却是事实，它对人们行为的改变也的的确确发生了。就像购物上瘾的丽贝卡，她知道有一种力量促使她这样做，但是她没有真正意识到，这和她小时候常被小朋友们嘲笑有关。自我的存在就像地球引力一样，人们从未摆脱过它对自己行为的影响，但是人们已经习以为常，甚至感觉不到它的存在。即便人们已经发现了它、证明了它的存在，也无法从中逃脱出来，因为它已经建立起了人类社会的秩序。

马修·利伯曼与他的团队，为了进一步验证防晒霜实验的研究结果，又做了另外一个实验。这次他们把反对吸烟的广告，播放给那些试图戒烟的人看。最后他们得出了与防晒霜实验相同的结果。参加实验的被试，在观看反对吸烟的广告时，自我脑区的激活程度，能够相当准确地反映出，哪些人接下来会成功地减少吸烟量。这比被试告诉研究人员的答案更加准确。所以，不要听别人能说出口的信息，那不靠谱。能不能做出改变，有没有对其产生影响，要看其自我脑区的激活程度。

成瘾
如何设计让人上瘾的产品、品牌和观念

外部信息对自我的激活状况，决定了人们能不能做出改变。但是这里有个问题，大家获得的都是同样的信息，为什么有些人的自我能被激活，而有些人的却不能呢？这与自我认识有关系。人与人之间的自我认知存在一定差异。比如有些人认为医生是最伟大的职业，而有些人则不以为然；有些人认为防晒可以更好地保护自己的皮肤，而有些人认为皮肤晒黑一点反而显得更健康；等等。自我认知上的差别，导致面对相同的事情人与人的感觉是不同的。在很大程度上，认知决定着人们的感觉。

要想知道人们是否对一个品牌上瘾，也要看品牌的相关信息是否很好地激活了人们的自我脑区。相关的研究者曾经做过一个实验，他们让一个苹果品牌的忠实粉丝，看一些苹果产品的精美图片，同时对他的大脑进行扫描。结果发现，苹果粉丝在看到图片时，激活了大脑的宗教信仰脑区，同时也激活了大脑的前额叶皮层，也就是自我脑区。这不但说明，宗教信仰脑区和自我脑区有些地方是重叠的。同时也说明，人们对自我的寻求和宗教信仰有些相似。因为自我的最高表现形式就是神和上帝。人们执着于自我，是为了逃离自身的局限获得救赎，而宗教信仰也是为了获得救赎。借助宗教信仰获得救赎，是自我获得救赎的一种渠道。另外，自我还会借助其他的渠道获得救赎，比如对品牌的迷恋、对伟大人物的崇拜等。

第三部分
瘾品就是自我刺激的开关

人们对品牌的执迷，更多的是对自我本身的执迷，只是人们把这种执迷投射在了品牌上。也就是说，只有当人们强烈地抗拒被局限的自我，或强烈地渴望成为美好的自我时，人们的大脑自我区域才能被最大限度地激活。这个时候人们才会对品牌产生迷恋，才会激起自己购买和改变的欲望。要想知道一个品牌是否能让人产生迷恋，就要看品牌传达出的信息中是否有人们的执念。但是商家不能去扫描每个人的大脑，来确定品牌的广告和宣传是否有效。那么商家该怎么办呢？研究发现，当品牌和产品的信息符合自我情感模式的时候，大脑的自我脑区就会被很好地激活，人们就会最大限度地做出改变，同样也会最大限度地产生依赖。

第八章
关闭——瘾品是他人摆脱匮乏的渠道

1. 欲望的黑洞：匮乏感

你什么时候最想吸烟或者喝咖啡？肯定是在累、困、乏的时候。你什么时候最想去消费？一定是空虚、乏味、焦躁的时候，或者说是感觉自己不够好、不够美的时候……人们对瘾品的渴望，是被生理和心理的匮乏驱动着的。古罗马的剧作家、哲学家塞内加曾指出："贫穷是部分匮乏，奢侈是大量匮乏，贪婪是一切匮乏。"人们对瘾品的欲望，源自内在的匮乏感。

成瘾
如何设计让人上瘾的产品、品牌和观念

亚历山大、柯姆斯、哈达韦三人曾做过一个老鼠成瘾行为的实验,他们把老鼠分为两组:一组老鼠的生活环境舒适,有吃有喝,还有满足其生理需求的异性鼠;而另一组老鼠的生活环境阴暗潮湿,吃和喝的都不充足,也没有满足其生理需求的异性鼠,可以说生活在高度匮乏的状态下。然后,研究人员向两组老鼠投放毒品,结果你猜怎样?丰衣足食的老鼠对毒品根本不感兴趣。而生活在匮乏环境中的那一组则相反,它们被毒品深深地吸引,而且沉迷于毒品中。

研究发现,匮乏感是促成成瘾行为的根本原因。那么,问题来了。很多迷恋毒品的人要什么有什么,不愁吃不愁穿,住洋房开跑车,为什么他们还是迷恋毒品?因为对人们来说,匮乏更多的是一种精神层面的感觉。

在《门徒》这部电影中,吴彦祖扮演的卧底警察阿力,在影片的开头和结尾,都有这样一段独白:"我一直不明白人为什么会吸毒,直到昆哥(收他做继承人的毒贩老大,最后被警察逮捕而自杀)和阿芬(一个吸毒成瘾的母亲,最后吸毒过量而死)死后,我才知道,其实一切,都是源自空虚。"

阿力问吸毒成瘾的阿芬,吸毒到底是什么感觉,阿芬说:"一切烦恼都没了,想要什么就有什么,好像一场美梦。不是美

第三部分
瘾品就是自我刺激的开关

梦,是真的,那一刻真的变得美好了。"这样看来,阿芬吸毒是在负强化,通过毒品减轻自己心中的痛苦。生活的不如意,让阿芬活得很无助、很无奈、也很绝望,她需要借助毒品逃离不如意的自己。影片中的毒贩老大不停地贩毒,是对钱的匮乏感导致的。其实他已经通过贩毒挣了很多钱。但是,他始终感觉别人会瞧不起他。比如他陪家人到餐厅吃鱼子酱,服务员强调了一下价格,他就向服务员大喊大叫。在他的内心深处感觉服务员认为他吃不起这么贵的鱼子酱。他虽然有很多钱,但是他骨子里住着一个匮乏的灵魂。而阿力最后也差一点就沾染上毒品,也是因为他在完成卧底任务后失去了人生目标——不知道自己的人生该怎么走下去,没有了方向。心中的匮乏感让阿力无比痛苦,所以他也试图借助毒品逃离这种糟糕的感觉。人们对购物上瘾,是源自对自己的抗拒,对自己各种局限的抗拒。购物是人们逃离痛苦、无奈、无助等匮乏感的负强化行为。其实任何瘾品都是人们逃避空虚、无助、无聊等一切负面情绪的渠道。其实,不管人们痴迷于什么,都是被匮乏感卷进了欲望的黑洞。上瘾的人们在这个没有边际的黑洞里越陷越深。

人类的匮乏感更多是社会性的。对一些东西成瘾,归根到底是生存环境造成的。如果你生活在一个能够轻易接触到合法赌博的环境里,你赌博成瘾的概率就会大大提高。如果你打开手机

成瘾
如何设计让人上瘾的产品、品牌和观念

就能接触到游戏，那你就很容易对游戏上瘾。如果你每天都被各种广告推销的信息所淹没，你就很容易购物上瘾。容易接触到瘾品，人们才容易上瘾。

另外，人们之所以对一些东西成瘾，更多的是来自社会压力。我们生活在一个崇尚竞争的环境里，人们普遍认为优胜劣汰、适者生存、胜者为王等。这样的环境造就了人们内心的匮乏感，因为王者只有一个，适者往往是跑得最快的那个。在这样的环境里，你不跑就会失败，就被淘汰。各种社会性的诱惑和吸引，激发着人们的欲望。社会竞争日益激烈，导致人们承受着各种压力，比如工作问题、购房问题、情感危机、家庭纠纷、子女教育等，都给人们造成了很大的压力。社会环境造就了人们心中满是不能如愿的执念，所以被心中的匮乏感围绕成了人们的一种常态。

总的来说，人们的匮乏心理是一个社会性的产物。瘾品其实是逃避空虚、不适感、无助、焦虑、痛苦、无聊等一切负面情绪的渠道。可以说，所有的成瘾行为都和匮乏有关系。比如你感觉在办公室很郁闷，你就会想是不是去星巴克喝杯咖啡就能好一点？于是你就去了星巴克。在那里有音乐和咖啡的味道，你感觉很惬意，于是你在感到郁闷的时候就总是想去那里。这就是一种上瘾的表现。大量的研究已经证实，文化是影响人类获得快乐的

第三部分
瘾品就是自我刺激的开关

重要因素。所以要研究成瘾，就需要从个体性和社会性多角度入手，这样才能真正找到人们对事物成瘾的原因。

总之，要想消费者对品牌成瘾就要制造匮乏感，没有匮乏就没有欲望。

2. 一切都是为了逃离真实的自己

人们带着各种意志活在这个世界上，但是人生不如意十之八九，很多事情人们都无能为力。人们始终想掌控和实现，始终想体验到自主感和自我感，可是不能如愿的自我意志，在源源不断地制造着匮乏感。这样的事实决定了人类这种会思想的社会动物骨子里是匮乏的，每个人都是一个被匮乏感缠绕的灵魂。匮乏感制造了一个不争的事实，是人们很少觉察到的，也可以说，人们很少承认它是事实，那就是大部分人都在抗拒真实的自己、实实在在的自己。

"我买意大利名牌西装和手表，是因为我从内心深处觉得我是个纽约的乡下人。我穿意大利名牌西装，这样人们就认为我很重要。谁会浪费时间去陪伴对自己没有用的人呢？如果有这些东西，我就不再那么微不足道。我那么努力地工作来塑造我的形象，穿得这么好，我希望自己成为另外一个人……我怕别人不是

成瘾
如何设计让人上瘾的产品、品牌和观念

真的喜欢我。但你现在看到了,我只是血肉之躯,我很脆弱。"

上面的这段话是电影《狙击电话亭》中,推销员史都被狙击手用枪指着脑袋时,发自内心的一段忏悔。别看这只是一部电影的独白,它却道出了每个人内心深处不可告人的秘密——自己并不喜欢自己。大部分人都抗拒真实的自己,抗拒自己的血肉之躯、脆弱、渺小、可有可无等。也可以说,人们是在抗拒自身的局限。人们抗拒的更多是社会性问题造成的一些状态,比如抗拒自己是个乡下人、微不足道、脆弱、不被喜欢、没有吸引力、无法掌控、没文化,不符合某种规范、不入流、不被尊重等,一切被别人看不起的样子。

星巴克的 CEO 舒尔茨,在他的传记中写到了自己的一段经历。他说:"有很多年,我不想在别人面前提及我在布鲁克林长大这件事情。我不想撒谎,只是不想提起这个话题,因为我感觉那不是什么很有面子的事情。可是不管我怎么否认和掩藏这个事实,早年生活的那些生活情境还是在我脑子里留下了无法忘却的记忆。我可能永远也无法忘记它,但是我一直不愿意面对自己的这段过去。"布鲁克林区以前是纽约市的穷人区,而且那里的治安非常差。舒尔茨在那里长大,他怕别人知道他来自那里,给自己贴上负面的标签,所以一直不愿意让别人知道这件事。同时他也努力想要成为一个成功的人,来逃离这样卑微的出身。

第三部分
瘾品就是自我刺激的开关

在这个世界上,无论他是比尔·盖茨还是马云,又或者是李嘉诚,在任何人的灵魂深处,都有一个卑微、孤独、渺小、脆弱的自我。每个人的执着追求和不懈努力,都是为了逃离那个住在自己灵魂深处的、弱小而又存在各种局限的自我。人们想要逃出自己受局限的躯壳。也可以说,人们发展和成长的力量,来自对自己的抗拒。只要留意一下那些成功人士的传记就会发现,他们之所以能够成功,很大一部分力量来自对自己卑微身份或者自身局限逃离的渴望。

人们抗拒自身的局限和不如意,始终想要逃离自己

其实,没有几个人不抗拒自己受到各种局限的身份。伦敦大学学院的人类学教授丹尼尔·米勒与他人合著出版了《购物、地点和身份》一书。其中写道:"购物是一种获取某些商品的经济活动,它也是维护社会关系的一种投资……"米勒认为,人们花钱购买高档服装,是希望在他人面前获得或者保持某种理想的身份。换句话说,人们是在通过购物抗拒自身的局限。这也说明购

成瘾
如何设计让人上瘾的产品、品牌和观念

物具有社会联结功能。

人们不但抗拒自己卑微、满是局限的身份,也抗拒自己一成不变、乏味的生活。这就是星巴克受人喜欢的一个重要原因,人们想要逃离家庭和工作的环境,而星巴克就成了人们的第三空间。这也是为什么实体店经济越来越不景气,而星巴克却在加速扩张的原因之一。

社会学教授雷·奥登伯格,在1989年出版的《了不起的最佳空间》一书中,阐述了"第三空间"的概念。他认为,人们需要有非正式的活动场所,人们可以在那里聚会。在那里,人们可以把工作和家庭的压力抛在一边,放松下来聊聊天,暂时不去想家庭和工作中的琐事。德国的啤酒花园、英格兰的酒吧、法国的咖啡吧,都为人们的生活开启了这样的休闲空间。在那里,所有人都是平等的,聊天休息才是主要活动。总之,第三空间就是工作和家庭之外的空间。不仅仅是咖啡厅和啤酒屋,其他比如商场、餐厅、电影院、书店等,都是人们的第三空间。可以说,星巴克之所以让人们喜欢,是因为在星巴克人们真真正正地体验到了第三空间的感觉,让用户感觉停留在星巴克的时刻短暂地告别了乏味枯燥的生活状态。而国内的实体店纷纷倒闭,原因就是没有真正做成第三空间。比如国内的实体商场、书店面临的困境,最根本的原因是它们只具备了销售的功能。

第三部分
瘾品就是自我刺激的开关

人们不但抗拒自己卑微的身份、一成不变的乏味生活，同样也抗拒自己的身体、自己的长相。不信你可以试问一下自己：在自拍发微信的时候，有几张照片不需要用修图软件美白、瘦身？你也可以想一想，你比较在意自己身体的哪些部位。你一定会数出一大堆，什么鼻子太塌，屁股太大、胸部太小，下巴太宽，个子不够高……大部分人都认为，自己的身体存在这样那样的问题。这也是美图秀秀受到人们迷恋的根本原因所在。它抓住了人们抗拒真实的自己的心理，为人们提供了不用面对真实面貌的方法。另外，如果人们不抗拒自己的身体和长相，就不会有那么多的美容院和整形医院，也不会有五花八门、层出不穷的各种减肥药物和疗法了。

看到这里，有些人一定会想，那些公认的美女一定不会抗拒自己的长相吧？真的是这样吗？我认为不见得。假设你有一张完美的、无与伦比的脸，你会满意吗？你一定会说满意。错，即便是这样，你也还是会抗拒自己。你会抗拒美貌不再，抗拒自己变老，总之你一定想让美貌保持下去。

人们对自身的抗拒是社会性的。人们普遍认为自己的某些存在方式是不完美的，所以人们才奋力抗拒，希望摆脱这些负面的存在。和人们逃离自身不如意的一面一样，品牌也会竭力掩盖自身不光彩、不正面的形象。在19世纪80年代的美国，能够快

成瘾
如何设计让人上瘾的产品、品牌和观念

速发财的方法,就是发明一种包治百病的"专利药"。可口可乐的发明人约翰·彭伯顿是退伍军人,同时也是个药剂师。据说约翰·彭伯顿最初研发可口可乐的目的,根本就不是为了发明一种清新爽口的饮料,而是为了研制一种"专利药"来圆自己的发财梦。但是,可口可乐公司并不想谈及这段早期作为药剂出现的历史,想要竭力掩盖和淡化这段历史。他们描述这段历史的时候,会轻描淡写地说约翰·彭伯顿是个喜欢倒腾的人,有一天他将几种原料倒在一起,尝了尝还挺好喝……总之,他们是想尽量把他宣传成传奇人物,避免谈及"专利药"这段不太光彩的历史。

人们做的大部分事情,都是在试图逃离真实的自己。赚钱是为了逃离贫穷,追求权力是为了不再被控制等。但是大部分的局限是思想制造的,思想本身才是人们的局限。思想的局限制造了人与人之间不安全的、充满了冲突和混乱的事实。

人们抗拒自己,追求自我价值感、意义感,说到底就是一种负强化。前面说过,人们很多时候是不知道到底发生了什么的,但是人们却不能说自己"不知道",而是要强迫性地对发生的事情进行编造和虚构。这是为什么呢?这就是为了避免体验到自身满是局限的无助感和空虚感。

也就说,制造匮乏感就制造了抗拒的自我意志,抗拒的意志

第三部分
瘾品就是自我刺激的开关

一旦产生，逃离的意志就产生了。所以，要想打造"瘾品"就要把用户的抗拒的意志，激活，也就是要精心打造自我情感开关抗拒的一端。

3. 人们被哪些恐惧的幻象追着疯跑

你可以试着想一下，你最怕的是什么，你也可以猜一猜，以下三个选择中哪个是大多数人最怕的。第一个是死亡，第二个是和恋人分开，第三个是在公众面前讲话。我们来看一下1973年美国所做的这项"最恐惧事物"的调查结果。在将近3 000名受访的美国居民中，41%的人提及害怕公开演讲，这是排名第一的最恐惧事物，而"死亡"选项仅排在第六位。最近几年，国外的一些研究也发现，在人们所害怕的事情中，公开演讲排在非常前面的位置。不管这些调查的可信度有多高，人们害怕的事情，排在最前面的不外乎是这三方面的：与重大人身伤害和与死亡有关的事情，失去亲人和心爱的人，在公众面前讲话。所以，人们害怕的大部分事情，都和他人有直接或间接的关系，大部分都涉及社会连接。接下来，我们就来看一看，人们具体都害怕什么。

人们害怕自身的存在没有确定的意义，以及无法掌控自己的生活，比如没有方向感、失控、飘忽不定、没有确定的价值和意

成瘾
如何设计让人上瘾的产品、品牌和观念

义、自己渺小无知等。

人们害怕被人发现自己不如意的一面,害怕公众讲话、表演,害怕在别人面前出丑,害怕面对他人,害怕自己在别人眼里是自相矛盾的。

人们害怕失败,害怕渴望的东西不增反减,害怕失去自己喜爱的东西。

人们害怕自己被认为是愚蠢或者无能的人,害怕自己被认为是不正面的,如不理智、不健康、不体面、不光彩、不入流、不上道、不会精打细算、不如意、不知道、不了解、不明白、没有眼光。

人们害怕被边缘化、被孤立的感觉,担心自己被排斥、被抛弃、被欺骗、被拒绝、被忽视、被不公平对待、被剥夺、被愚弄、被看不起,被别人回避、失去他人的关注、不被重视、落后于别人。

人们害怕分离,害怕失去亲人、失恋、失去朋友等。

人们害怕错过,害怕错过更好的选择,错过别人能抓住的机会,错过稀缺的东西,错过重要的事情。

第三部分
瘾品就是自我刺激的开关

人们害怕被不平等对待,害怕比别人差,害怕比别人买得贵,害怕比别人穷,害怕比别人条件差,害怕比别人笨、比别人丑、比别人少,害怕身份卑微、低级、低端。

……

纵观人们害怕的东西,大部分都和社会联结有关系。因为人是社会性的动物,一切的恐惧都和社会性有直接或者间接的关系。也可以说,人们害怕的事情是由人们社会性的存在方式造成的。

4. 制造区别,就制造了恐惧和匮乏感

面对一张白纸,你会感到恐惧吗?你一定会想,一张白纸有什么好恐惧的。但是,如果公司开会的时候,老板给每个人发了一张白纸,告诉你随便用它做点什么都行。这时你对这张白纸马上就会产生恐惧心理。你会想这是要干什么?这种恐惧是不由自主产生的。事实上,你可以用它画画写字,或者折纸,一张白纸能做的事情有很多,不是吗?做什么都行,没有对错,没有好坏,是不是呢?那么人们对一张白纸的恐惧是怎样来的呢?这种恐惧来自分别、区别。你一定会想,我要做什么呢?怎样做才是正确的呢?如果让你画一幅画,你一定会想,怎样才能得到别人

的认同和赞扬，怎样才能体现自己的实力呢？人们对一张白纸的恐惧，就来自好坏对错的区别。正是因为有了这样的区别，你才恐惧在这张纸上发生错的事、不好的事。因此即便是艺术家和文学家，面对一张白纸也会有恐惧的感觉。这其中的恐惧就是区别制造的。

区别、分别是制造恐惧的一把刀。它可以把任何没有区别的事物，一刀劈成两半儿，分为好坏、对错、善恶、正确与否等。这一刀下去，就有了"这"和"那"的区别，真实的自己和美好的自己的区别。其实自我就是区别的结果，区别产生了一个美好完美的自我，来抗拒当下这个满是局限的自己。

有了区别就有了"失去""没有""损失""死亡"等负面的概念。这唤起了人们的匮乏感。人们厌恶失去、损失、不能如愿等负面的行为，所以只要有区别就有恐惧，这是无一例外的。阿莫斯·特沃斯基和他的同事们在哈佛大学做过一个实验，被试都是医生。研究者给医生们看了两种肺癌治疗方式的数据，分别是手术治疗和放射治疗。手术治疗成功后可保证患者有五年的存活时间。但是，手术治疗比放射治疗的风险要大。他们对手术短期风险的描述有两种：第一种描述是，在第一个月里患者的存活率是90%；第二种描述是，在第一个月里患者的死亡率是10%。参加实验的医生中有一半读到了第一种描述，另一半的医

第三部分
瘾品就是自我刺激的开关

生读到了第二种描述。结果发现：读到第一种存活率描述的医生，有84%选择了手术疗法；读到第二种死亡率描述的医生，只有50%选择了手术疗法。

两种不同的描述，为什么让医生们对手术治疗的选择和判断，产生了如此大的差别呢？这就是框架效应在发挥作用，也是区别的结果。研究人员认为，这是因为两种描述的框架不一样。第一种是以存活率为框架，而第二种是以死亡率为框架。人们通过区别让一件本没有分别的事情产生了两种截然不同的情感。存活是一种正面的情感，而死亡是一种负面的情感。90%的存活率听上去成功率很高，这让人感到很心安，而10%的死亡率好像是在强调死亡的风险，这让人感到很恐惧。

还比如同一种牛奶的两种说明方式，给人的感觉也是不一样的。减少95%脂肪的牛奶和含有5%脂肪的牛奶，哪个更健康？直观地理解，大部分人认为这两种奶有本质上的区别。但实质上这是同一种标准的牛奶。当脂肪含量的多少与健康相关联时，事情就有了区别，与此同时也就有了恐惧。区别就是触及自我神经的开关。只要你能把事情一分为二，就会触碰到自我的软肋——抗拒、恐惧。其实，无论是拥有还是失去、成功还是失败、对还是错、好还是坏、获得还是损失，又或者存活率还是死亡率、正面的还是负面的，这样的区别都在给人们制造恐惧。不过，心理学

成瘾
如何设计让人上瘾的产品、品牌和观念

家研究发现,这两者很多时候并没有什么本质的区别,更多的是心理作用。由于这个世界满是区别,所以感到恐惧是自我的常态,人们时刻都有保护自我的冲动。这就是人类学家所称的"全景恐惧",也就是一种扑面而来的失控感,不安全感。这都是区别、分别导致的结果。

用什么手机本来没有区别,只要能保持通信就可以。但是如果你开始想这个手机是否能使自己显得时尚、有品位、有实力,就有了区别。人们面对一件衣服的时候,考虑这件衣服好不好、时尚不时尚、美不美,就制造了分别。身份、手机、衣服这些本没有什么区别,但是被"区别的刀"一切,区别就产生了,恐惧也随之产生。

区别的结果是人与人有了分别,有了邪恶、丑陋、农村人和善良、美丽、城里人这样的区别。这也就有了人们抗拒的对象,不如意、不成功、不好的自我,和人们渴望成为的对象,完美的、美好的自我。这就是概念的区别为人们制造的是非。

划分等级也是在制造差别,在古代官员的官服是有严格区分的,不同的官员穿不同的官服。通过官服的差别人们就能知道一个人的官职有多高。这就是官服直观地制造了等级之分。商家把会员卡分为标准卡、银卡、金卡、白金卡等,也是在将用户的级

第三部分
瘾品就是自我刺激的开关

别区分开来。游戏中更是无处不在地体现着等级划分，仅装备就分为普通装备、强化装备、稀有装备、罕见装备等。游戏中的每个元素都会有等级之分，这一切都是为了给用户制造身份和地位的差别。制造等级的差别可以直观、明显地将人与人、产品与产品区别开来，让用户产生匮乏感。

"品牌"这个词来源于牲畜身上的烙印。牧民在自己的牲畜身上烫上烙印，用这种方式将自家的牛与别人家的牛区别开来。它的深层作用和目的就是区别。还比如有些艺术家在自己的作品上签上自己的名字，作为高品质和真迹的标志。这种标签和符号式的标记方式也是为了与别的作品区别开来。这样就制造了我和你的区别。这就是符号和形象制造的区别。其实，品牌就是一个区别的符号，有区别的功能。

不但概念和形象能制造区别，时间也可以制造区别。在品牌中导入时间，也是把自身与其他品牌区分开来的一种非常有效的方法。百事可乐和可口可乐一直以来都是彼此竞争的劲敌。百事可乐之所以能在与可口可乐这个巨人的竞争中夺得一席之地，就是因为它巧妙地使用了区别这把刀。百事可乐在时间上与可口可乐做了区别，才在可乐市场占据了一席之地。百事可乐一推出，就打着为新一代的年轻人量身打造的可乐的旗号，收买年轻人的心。他们代表的理念是年轻、有活力、积极向上。"保持年轻、美丽、愉快、亲和，来一瓶百事可乐！"这样的广告词激励着消费者的购买欲望。这样的区分让其把可口可乐直接推到了过去，暗示着可口可乐 100 年不改变配方，早已不适应现代人的口味，早就该被时代所淘汰。在时间上做区别，也给了年轻人不喝可口可乐一个理由。如果你继续喝可口可乐，就意味着你活得像个老人。

区别、区分是一把神奇的刀，一刀下去就会创造巨大的价值。还是那句话，"本来无一物，何处惹尘埃"。人世间的事情都是人自身制造的，都是思想制造的。思想将这一切区别开，匮乏感就产生了。

5. 否定掉，就渴望逃掉

另外一种最常见的制造匮乏感的方式就是否定掉。否定掉消费者的生活，让消费者感觉到自己在以一种不安全的、不理想的、不体面的、不时尚的、不健康的、不光彩的等人们不想成为的状态存在着。

这就是为什么你一进理发店，理发师就说你的头发干枯有分叉，这样护理不对，那样保养不妥。一进美容院，美容师就说你的皮肤暗黄、没有弹性，或者有细纹、毛孔粗大等问题。他们不

第三部分
瘾品就是自我刺激的开关

是故意跟你过不去,只是他们如果不否定掉你的现状,你就不会对他们提供的服务和产品产生需求。一个产品或服务,如果不能否定掉目标消费者眼前的生活,它就毫无价值。所以,现代商业制胜的核心,就是要否定掉消费者的生活,让消费者感觉自己在以一种自己抗拒的、不理想的方式存在着。

否定掉人们生活的方式有很多,比如展示、放大、强调人们以不理想状态存在的情景。有一段时间,北京的地铁里到处是看了让人恶心的一则牙膏广告。画面是洗手池里有一块刷牙时吐出的带血的牙膏沫。这样的情景被放大成这么大的画面,给人一种不舒服的感觉。虽然这种情况大部分人都出现过,早上刷牙的时候常会牙龈出血,但是大家都不会太在意。把一个你认为正常的情景,放大到这样的程度展示出来,就能唤起人们的不适感,就能让人们意识到这样是不健康的。

在国外相对落后的某个城市,大家都习惯在野外大小便,结果很多地方的水被污染,导致了各种疾病的传播。政府建造了公共厕所,并想了很多办法说服大家使用公共厕所,但是效果都不好。后来,有一个社会学家想了一个办法,有效地改变了大家的这种生活习惯。在一次使用公厕的推广宣传中,他盛了一杯清澈的水,然后拿几根捡来的头发在水里涮了涮,把水端给大家喝,结果在场的人没有一个愿意喝。之后,他告诉大家,他们每天喝

成瘾
如何设计让人上瘾的产品、品牌和观念

的水要比这个脏很多倍，因为这些水被大小便污染过，这让在场的人都感到作呕。这样的展示让大家在以后喝水的时候都感到不适，这种不适感促使大家积极地去使用公共厕所。以上就是通过放大和展示所产生的效果达到预期目的的。

我们在前文介绍过，人们大脑中的世界是情感化的世界，人们心中清楚什么是好什么是坏。牙龈出血、脏水，这些都是带有负面情感的事物。它们带有负面情感，但是不一定能激起人们的负面感受——感到恶心和不适。这些事物要想激起人们的负面情感，就需要借助展示、放大和强调的方式，来启动这种负面的感觉。这样一来就会激活人们的匮乏感，人们就会想要逃离这样的糟糕局面。

一个让人们上瘾的品牌，不仅要否定掉消费者的生活，还要否定掉竞争对手，甚至还要否定掉自己。有一些大品牌，把否定用到了登峰造极的程度，苹果就是其中一个。iPhone6 就是对外否定了消费者、竞争对手，对内又否定了自己。大家看一下 iPhone6 的广告，看其是如何做到这一点的。

iPhone6 广告的标题是：岂止是大。正文是：iPhone6 岂止是大了，而且每一方面都更为出色。尺寸大了，却更为纤薄。更加强大，却极致节能。光滑圆润的金属机身，与全新 Retina HD 高

第三部分
瘾品就是自我刺激的开关

清显示屏精准契合，浑然一体。而软硬件间的搭配，更是默契得宛如天作之合。无论以何种尺度衡量，这一切，都让 iPhone 新一代的至大之作，成为最为出众之作。

这其中岂止是大的"大"，是比谁大呢？最直观的当然是比 iPhone5 大，这便否定了自己。要不然你继续用 iPhone5 就好了，怎么会需要换 iPhone6 呢？因此，否定旧有产品是创造新需求的重要方法。否定旧产品创造新需求还有个成功案例。农夫山泉 2015 年推出了售价 40 元/750 毫升的玻璃瓶矿泉水。这款新品的推出就采用了否定的技巧。在该产品推出的时候农夫山泉指出在总理谈判桌上放塑料瓶水是行业的耻辱。2016 年杭州 G20 峰会，农夫山泉玻璃瓶水就摆在了国家领导人的桌上。这个案例巧妙的地方是它没有完全否定掉塑料瓶的瓶装水，而是在特定的人群、特定的情景下（国家领导人的会议桌上）否定掉塑料瓶水的价值，制造了玻璃瓶水的价值。这样一来既不会丢掉原有的市场，又开拓了一个全新的市场。所以，制造否定是个非常有学问的技术。

另外，iPhone6 的"岂止是大"，这里的"岂止"又否定了 iPhone6 自身尺寸的大。因为消费者会认为不就是尺寸变大了吗？有什么大不了的。所以苹果又否定了自身仅仅是尺寸上的大，告诉消费者其中的内容也变大了，它在每一方面都更出色。

成瘾
如何设计让人上瘾的产品、品牌和观念

这就是苹果的厉害之处，它总是能从有形的价值上升到无形的价值。

其次，"iPhone 新一代的至大之作，成为最为出众之作"这其中的"大"暗示着比别的品牌手机大，比消费者现在用的手机大。这样一来，它既否定了自己，也否定了其他的手机品牌。正文中还有更多具体的信息在做否定工作。比如说"更加""极致""全新""更是""无论""一切""新一代""出众"等，这些词都是在否定。也就是说，短短 100 多字的文案，就把整个手机行业都否定了，连同自己的 iPhone5、iPhone4。其实，苹果手机不单单是在广告设计上煞费苦心，他们的各种营销方式，也都是在试图达到这样的目的。

苹果否定了自己的过去，以及 iPhone6 尺寸的大，同时它还否定了所有的手机品牌。通过一系列的否定，苹果最终营造了一种用别的手机很寒酸、很没有面子的感觉。通过否定，走进消费者的内心世界，让每个消费者否定自己，抗拒自己，这才是它的目的。

其实，不是商家在否定消费者的生活，而是自我在否定自我。否定就是在品牌中加入唤醒自我的信息。比如在前面的广告中说到的"每一方面""都更""更加""全新"等字眼，都

第三部分
瘾品就是自我刺激的开关

是唤醒自我的信息。自我介入后，人们会开始咀嚼思想，通过自编自导把自己的不如意放大，让自己感受强烈，也感觉这种不如意的局面，真的在影响着自己的生活。只要品牌开启了人们对自我的抗拒模式，人们就只能用自己的购买行动解除抗拒模式。

总之，一个品牌要想让消费者成瘾，就得不断地否定掉消费者的生活，从而让其自我否定掉自己。一定要记住，品牌营销的对象是自我，而不是消费者的血肉之躯。当然，这首先需要品牌本身有自我否定的能力，这是品牌成瘾的关键，也是现代商业的制胜核心。

第九章
开启——瘾品是实现美好的工具

1. 一切为了美好

"你为什么喜欢购物?"

"当我购物的时候世界变得美好了。"

这是电影《一个购物狂的自白》中,购物上瘾的丽贝卡对自己喜欢疯狂购物的解释。

成瘾
如何设计让人上瘾的产品、品牌和观念

她说:"当我看着商店的橱窗,我就仿佛看到了另一个世界,一个充满完美商品的梦幻世界,能让一个女孩子拥有一切的世界,在那个世界每个女人都很美,她们像公主和仙女一样。"

丽贝卡的话揭开了一个深藏在人们内心深处的秘密。无论人们决定购买什么,都是被一种力量推动的——产品为人们开启的美好可能。这种美好的可能激起了人们进入某种状态、拥有某物的意志。

那么,丽贝卡的美好可能是怎样被打开的呢?丽贝卡在商店里看到一条绿围巾。她很喜欢,可是再一想,自己的信用卡已经刷爆了。她告诉自己:"我不需要围巾了。"但是请注意,这里有一个细节——在丽贝卡认为自己不能再买了的时候,她并没有走开,而是走进了自我的思想里。她开始围绕这条围巾,展开了与自我的对话。

自我对她说:"是啊,谁会需要围巾呢?如果冷,在脖子上搭条旧牛仔裤,就解决问题了。你母亲就是这样做的。但关键是这条围巾,它会成为你的象征,你精神的象征。你明白吗?"

丽贝卡纠结地说:"我明白。"

自我对她说:"它会让你的眼睛看上去更大,会让你的发型

第三部分
瘾品就是自我刺激的开关

看上去更昂贵。它配什么都好看。这是一项投资。这样你面试的时候会充满自信,而且泰然自若。一个围绿围巾的女孩。"

就是她内心这样一个小小的声音,让丽贝卡对这条围巾的态度发生了180度的大转变。这个环节让一件可有可无的围巾,变得必不可少,变得重要;让一条原本普普通通的围巾,变得光彩照人、无限美好。丽贝卡认为有了这条围巾,她的眼睛看上去更大,发型看上去更昂贵,她会变得自信和泰然自若,她会成为美好的自我、完美的自我。这就是被自我盯上后发生的事情。思想在围巾和丽贝卡的自我之间建立了必然的关系。自我为人们开启了一个个美好的可能——变得美好、理想,总之是和现在大不一样。人们所谓的美好可能,基本上都是这样被开启的。这导致丽贝卡非常渴望得到这条围巾。

这里还有一些疑问,这条围巾真的可以让她发生改变吗?这条围巾真的有那么好吗?当然不是。

如果丽贝卡什么也不去想,扭头就走了,那么这就是一条简单的围巾,但问题是她开始围绕这条围巾去编故事,想象着自己带上这条围巾的情形和他人看自己不一样的目光。她一旦围绕围巾去想象,就激活了大脑中的自我情感开关。结果是越想越冲动,购买的意志越强烈。前面我们介绍过,想象是围绕自我构建的，将"让我将成为怎样的一个人"这样的自我情感入驻在品牌或者产品中。自我入驻后，事情就会变得重要，变得必不可少，但这往往是人们想得好而已。围巾只是一条再普通不过的围巾，让她的眼睛显得大，让她的发型看上去更昂贵，让她看上去更加自信，这都是她的想象而已。如果一条围巾真能有这样的效果，那人们就可以不去做双眼皮手术了，也可以不用去花几千元做自己的头发了，直接买条绿围巾一围，就什么都解决了，不是吗？不可否定的是，在丽贝卡想像的那一刻，她的确认为这条围巾有这样的魅力，可以让自己得到改变。这意味着将进入一种美好的状态，人们就会毫不犹豫地抓住不放，就像眼睛变大、发型变高贵、变得自信等一样，这就是想象的魅力。

抗拒自己是大部分人活着的基调。在这种基调下，任何美好的可能，都成了这种情感的出口。丽贝卡抗拒眼睛不够大、发型不够昂贵、不够自信的真实自己。而那条围巾，为她抗拒自我的情感提供了出口，让她认为一旦拥有，就会成为美好的、梦寐以求的自我——想象中美好的样子。丽贝卡的虚荣，来自于"我达到了、我拥有了"的感觉，这是对自我的一种良好感觉。

第三部分
瘾品就是自我刺激的开关

这个世界上最可笑和疯狂的地方,是人们竟然相信一条围巾能让自己的眼睛看上去更大,让自己的发型显得更加高贵。这种疯狂完全是因为人们都是凭感觉在做事情。在那一刻人们的美好感觉产生了,人们就会认为那是事实。美好感促使人们相信一切可笑和滑稽的可能,美好感会开启人们对事物的渴望。

人们追求自我美好感觉有三个层面。

第一个层面是变成、获得、拥有。就像丽贝卡那样,你告诉她,如果她该怎样做就会变成美好的样子,她就会愿意相信也会想要。因为这符合自我存在的意志,我们每一刻都在努力让自己变得与现在不一样,甚至美好。

第二个层面是继续、保持、持续。人们大部分的意志都在抗拒自身的局限,比如抗拒失去——失去青春、失去健康、失去各种美好的状态。看看如今火爆的美容产业,人们想尽一切办法让容颜永驻。人们渴望持续美好,所以你只要告诉自我,怎样做可以突破自身的局限，可以永远进入一种美好状态，就会激活自我的渴望。

第三个层面是更好、更多。我们要记住的是，"更好"是"好"的敌人。如果一个人对自己的状态很满足，感觉一切都美好了，这个时候，你导入更美好和更多，就会重新激起他进入某种美好状态的渴望。自我最重要的特质是追求更好、更多。

2. 摧毁一切美好的更大、更好、更多

喜欢星巴克的人最初都会有这样的体验，在点咖啡的时候，会感觉很晕。服务员问你要什么杯，你看着柜台上三个不同体积的纸杯，如果说："我要一个小杯。"服务员会微笑着纠正你："先生（女士），那是中杯。"当你指着中间那个不大不小的杯子说："我要个中杯。"他们又会纠正你："先生（女士），那是大杯。"是不是很晕呢？那么，星巴克为什么要这样做呢？为什么把小杯叫作中杯，把中杯叫作大杯，把大杯叫作超大杯呢？

星巴克这种叫法，其实源自意大利。这标志着一切更大，更好。同时，这也是星巴克对消费者心理精准把握的体现。人们渴望更大、更好、更多。只有更大了，才算真的好，不是吗？你盯着柜台上那几个杯子，心想点那个小杯就够自己喝了。但不管是

第三部分
瘾品就是自我刺激的开关

真的够喝了，还是为了省钱而够喝了，只要你点了小杯，你心中就会有一种怯懦感。这种感觉是你没有选择大杯造成的。没办法，这就是人们的心理。但是当服务员告诉你那是中杯时，你瞬间就会感觉自己点的也不小，居然是中杯。这时你会感觉自己花的是小杯的钱，喝的是中杯的量。你心中那种怯懦的感觉，马上就消失了。别看这只是一个小小的举动，却能让初来乍到的顾客，感觉星巴克一下子钻到了自己的心中，马上体验到一种愉悦的感觉。星巴克这样做，是因为他们更了解消费者的内心世界。

同样地，从1886年发明可口可乐到1955年，在长达70年的时间里，可口可乐采用的都是6.5盎司（相当于190毫升）的小玻璃瓶包装。后来，百事可乐推出了双倍容量的包装，备受消费者喜欢，这让可口可乐倍感压力。与此同时，可口可乐通过市场调查也发现，消费者普遍认为包装越大越好。于是公司就决定推出更大的包装、更大的提供量。无论装什么东西，容积都要再大一点。所以，可口可乐才推出了12盎司、26盎司的包装。目前市场上还有比这更大的包装，这都是人们追求更多更大的结果。

瓦伦蒂诺·加拉瓦尼登（华伦天奴创始人）在接受记者采访的时候说："我很了解女性，我知道她们要什么。"记者就追问他："女人要什么呢？"他说："美丽，女人要美丽。"他说得没错，但是并不太确切。女人是要美丽，但是如果女人要的只是美丽，那么就证明美丽有个标准，只要达到这个标准，人们就会满意，就会停止。那么他只要按照这个标准去设计衣服就可以了，为什么还要不停地设计新款的衣服让女人变得美丽呢？因此从事实来看，女人要的是"更美丽"，瓦伦蒂诺·加拉瓦尼登在做的也是"让女人变得更美丽"。人们要的是在否定了现有美丽的情况下，变成另一种美丽的样子。人们所要的任何事物，都需要在前面加一个"更"。

每年都有巴黎时装周，每年都有新的潮流。这归根到底是因为人们需要更好、更多、更新、更漂亮。人们试图去实现一个更理想、更完美的自我，希望因此变得不一样，希望不再有限制，不再有束缚。人们之所以会执迷于一些事情，就是因为渴望更多、更好、更大。前面讲过，自我是匮乏的代名词，匮乏是因为自我想要更多、更好、更大、更强。只要在此时此刻导入这些概念，人的所有都会被无条件地否定掉，人们就会产生对更多、更好的渴望。这样一来，人们就掉入一个没完没了的噩梦般的循环里。这个循环的模式是：匮乏—渴望—匮乏—渴望。这样的循环导致人们不停地想要更多。

其实，人们渴望更多、更大、更好，都是为了依附于更强大、更完美的事物，让自我变得更多、更大、更好，以此来抗拒

第三部分
瘾品就是自我刺激的开关

和掩饰自己的渺小和局限。所有能让人们变得完美、强大的品牌，都会让人们迷恋，甚至痴迷。而任何能让人们痴迷其中的品牌，都能够做到自我更新，能够不断地让自身变得更好、更美、更强大，只有这样才能满足自我的需求。这样的品牌才有让人痴迷的资本。人们对任何品牌的痴迷，其中都有一种情感，那就是它（品牌）比我更重要、更高大。

在《一个购物狂的自白》中，丽贝卡感觉穿着一件名牌的礼服参加聚会，可以让自己整晚都感到安全。这件名牌礼服给了她安全感。一个品牌的符号就能带给人们安全感，这就是因为人们认为品牌比自己要更强大、更重要。所以，人们很多时候要的更强大，是比自己更强大。再比如苹果手机，有些人就算是透支信用卡，也要买自己消费不起的苹果手机。这时苹果手机已经完全高于他自己了，如果不拿苹果手机，就感觉自己无法见人，就不自信。

其实，房子也好、名牌礼服也好、苹果手机也好，这些事物之所以让人们痴迷，都是因为人们感觉它们高于自己卑微的身体和身份。有些人没有安全感、价值感，需要借助这些来让自己安全和具有价值。所以让用户痴迷的品牌，一定是"高于"用户自身的品牌，也是能够不断变得更高、更大的品牌，让用户跟不上的品牌。

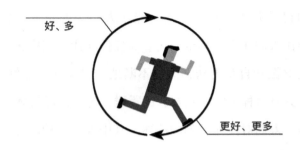

自我无限渴望得到、渴望拥有、渴望成为、渴望伟大、渴望成功、渴望回报、渴望完美、渴望保持、渴望继续、渴望永久等。这里说的是"无限",无限就意味着得到后还想得到,无限意味着需要更多和更好。也可以说,自我真正的彼岸是更多、更好、更大、更有意义、更安全、更长久,是永远的另一处、另一种状态。你说这样的状态存在吗?政治学家罗伯特·莱恩曾说过这样一句话:"人们热衷于发现和创造自我,而并不善于接受当下自己的角色。"人们一直在抗拒真实的自己,试图成为理想中的样子。总之,在人们抗拒自己的那一刻,自我的彼岸就产生了,人们就会执着于去触及它。

3. 人们追着哪些美好的执念狂奔

心理学家威廉·詹姆斯认为:"在人们的内心深处不断地发出一种声音,这种声音告诉自己,有一种状态能让自己变得活力

第三部分
瘾品就是自我刺激的开关

四射、变得完美——'那才是真正的我,我一定要进入那样的状态,并一直保持下去。'"所以,人们为了实现(成为)那个真正的自我,一直在渴望进入另一种状态。

人们渴望成为有用的人,有价值的人,富有而慷慨的人。

人们渴望自己是活力四射的,魅力无限的,具有吸引力,招人喜欢,有吸引异性的能力。

人们渴望持续良好的感觉,持续一种快乐,持续一种稳定的关系,持续一个不变的美貌,持续一个不变的好状态。

人们渴望得到命运的眷顾,希望命运是偏向自己的、自己是幸运的。这就像接到中奖信息时,很多人都愿意相信是真的,因为人们从本质上渴望自己是个幸运儿。

人们渴望自己是沉着、冷静、敏锐、善于抓住机会的人。

人们渴望自己是自由的,不受束缚的,随心所欲的。

人们渴望自己富有智慧、知识渊博、无所不知。

人们渴望自己是勇敢的、诚实的、善良的、友好的、富有同情心的、正义的。

成瘾
如何设计让人上瘾的产品、品牌和观念

人们渴望自己强大,富有权力。

人们渴望自己体面、光彩、时尚、大方。

人们渴望自己活得有目标,有意义,有价值。

人们渴望自己具有创造力,是出色的、引领潮流的。

人们渴望自己变得重要,有举足轻重的地位和让人羡慕的一切。

人们渴望自己是稀缺的少数,渴望成为精英、成为优秀卓越的人、与众不同的人。

人们渴望成为令他人羡慕的群体中的一部分。

人们渴望自己不虚度此生,在这世界上留下印记。

人们渴望获得胜利,一定要赢,那么战胜谁呢?战胜自我,一切都是为了搞定自我。

……

第三部分
瘾品就是自我刺激的开关

4. 发生关系，就是美好

让品牌或产品与美好的事物发生关系，就会让人们在融入其中或者使用它的时候，感觉自己以一种美好的状态存在着。任何美好的事物都能起到这样的作用，就比如美好的情景、美好的符号、美好的形象甚至是美好的想法等。只要品牌与美好的事物发生了关系，就会让人们迷恋其中渴望得到。

人们迷恋星巴克，并不是针对咖啡本身，更多的是对星巴克所代表的意义和价值的依恋。人们与这种意义和价值有一种依存关系。人们对星巴克品牌含义的追捧，远远超过对咖啡美味的迷恋。就像舒尔茨说的那样，星巴克营造了一种和咖啡有关的浪漫情调、一种温暖的感觉和人们相聚在星巴克的美好情景。星巴克创造了一个浪漫的、充满幻想的、更美好的世界。星巴克的世界与乏味单调的日常生活截然不同。繁华都市的街角、温馨的环境、优美的音乐，一边喝着咖啡，一边发呆，或者胡思乱想……星巴克开启了生活和工作之外的东西——不同的环境、不同的方式、不同的气氛。即便是在这里谈工作，也是一种不一样的工作方式。人们身在星巴克这个美好的情景，体验到的是"我以一种美好的状态存在着"的感觉。人们依恋的就是这种不一样的体验——区别于家庭和工作的美好情景。

成瘾
如何设计让人上瘾的产品、品牌和观念

人们不但愿意坐在星巴克的一角细细地享受着那里的美好情景，也愿意拿着星巴克咖啡，边走边喝。更重要的是，人们愿意把咖啡杯上的标志朝外，让别人看见。另外，还有一个大部分人都会做的行为，就是拿着星巴克咖啡杯拍照，发微博。有人说星巴克不是一家咖啡馆，而是一家照相馆。与星巴克的标志、咖啡杯，这些代表美好的符号和实物发生关系的时候，人们感觉自己与美好、浪漫、神秘发生着关系。这同样能让人体验到自己是一种美好的存在。

无论是与美好的情景，还是与美好的符号发生关系，它们的背后必须有一个美好的形象作为支撑。也就是，品牌要与美好的形象发生关系。不然品牌的力量就是无源之水，不会持久。人们这种与美好的事物存在关系的感觉，完全来自品牌是一个美好形象的代表——品牌与代表美好的形象发生了关系。

与美好的形象发生关系，是品牌最应该去做的事情，而最常见的方法就是请明星代言。研究发现，当明星出现在和品牌相关的信息中时，比如广告和产品包装上，不但让消费者认为该品牌的信息更加真实，还会强化人们的认知和对产品的记忆。当形象健康的明星出现在品牌广告中时，人们就会无意识地选择该产品。比如刘嘉玲代言玉兰油的广告。看到刘嘉玲，人们就会更愿意用玉兰油。前面说过，人们的选择很多时候是在大脑无意识的

第三部分
瘾品就是自我刺激的开关

情况下做出的，有些想法并没有上升到意识层面。购买明星代言的产品，就是自我脑区做出的自动选择。

荷兰的一项研究发现，当女性看到某种名人代言的产品时，比如一双鞋子，她们的大脑活动会发生改变。实验是这样的：他们让24位女性看40张不同女性的彩色照片，照片中的女性既有名人也有普通人，她们穿着同样的鞋子。通过对这24个人的大脑扫描发现，当她们看到名人穿鞋子的照片时，大脑中的内侧前额叶皮层被激活了，而看到那些普通人穿鞋子的照片时并没有这样的反应。内侧前额叶皮层是自我存在的区域。当人们看到名人的照片时，会无意识地认为自己穿上这双鞋子也会像她们那样光鲜靓丽。鞋子为人们变成美好的自己开启了一种可能。当品牌与美好的形象发生关系的时候，大脑会自动为人们做出选择。

当然，与美好的形象发生关系，绝不仅限于和明星形象发生关系。只要是和代表积极美好的形象发生关系，就都会有这样的效果。

拉菲葡萄酒创始于1610—1620年间，1716年进入路易十五的宫廷，很快就受到整个欧洲皇室的喜爱。就这样，拉菲和象征高贵、权力的皇室建立了关联。在1855年的时候，法国君主拿破仑三世对当时的葡萄酒庄园进行排名，拉菲排在第一位。从进

成瘾
如何设计让人上瘾的产品、品牌和观念

入皇室到位居榜首，这样的无形价值让拉菲葡萄酒享誉至今。和美好、高大的形象发生关系，人们就会认为它是美好的。拉菲与皇室建立了一种关联，让它成为最具价值、最好的葡萄酒。而且这种价值能够得到几百年的传承，延续至今。这就是与美好、高大的形象建立联结的作用和意义。对于那些新品牌来说，不会有那么悠久的历史和传承，也难以和那么高大的形象建立关系，那么该如何打造品牌美好的形象呢？其实与虚构的美好和高大的形象建立关系，也具有同样的效果。

星巴克与拉菲相比，算是个新兴品牌。它是如何和美好神秘的形象建立关系的呢？拿星巴克的标志来说吧，它的灵感来自一幅双尾美人鱼木雕图案。这条美人鱼有赤裸的乳房和清晰可见的两条鱼尾，后来经过几次演变，才成了今天这个样子。星巴克的双尾美人鱼叫作塞壬。塞壬会发出美妙而醉人的歌声，迷惑那些路过的航海者，使他们的船触礁沉没。海妖塞壬在希腊神话中的这种形象，使它成了西方文化中性、爱、欲望、诱惑的象征之一。海妖塞壬就像中国神话中妖艳的狐狸精一样，是诱惑、吸引力的象征。当星巴克与双尾美人鱼发生关系的那一刻，就意味着它在人们心中被赋予了浪漫、神秘、富有吸引力的美好形象。

第三部分
瘾品就是自我刺激的开关

海妖塞壬

可口可乐也曾利用与虚构的形象发生关系，来刺激冬季市场的销量。人们如今看到的圣诞老人原本不是这样的。起初，圣诞老人是个又高又瘦的老人，他有时穿兽皮，有时穿绿色的衣服。可口可乐为了借助圣诞节的气氛来促销，就把圣诞老人打造成了和可口可乐一个色系的形象——穿红袍，戴红帽，又胖又矮，喝可乐的形象。结果是这个红色的圣诞老人与可口可乐一起红到了现在。在这方面做得比较好的还有耐克这个品牌。耐克最初不屑于做广告，但是它却会费尽心机地去赞助各种大型赛事，比如奥运会，还会积极地赞助球队和冠军运动员。这都是在与美好的形象发生关系。

早在 1919 年，德国社会学家马克斯·韦伯就提出一个概念，叫"去魅"，就是去除神秘化和神圣化光环的过程。而做品牌恰恰与去魅相反，就是要给品牌覆上一层"魅"，让品牌变得神秘、高贵、美好。

星巴克、麦当劳、苹果、耐克这些大品牌能让人们在体验与美好的事物发生着关系的同时，也体验到另外一种感觉——与他人发生着关系，感觉自己融入了一个美好的群体。当你和他人在做同样的事情时，你会感觉自己是他们中的一员。让人成瘾的品牌，其最大的功能是社会联结功能。

5. 开启美好感的三种方法

人们都在追着美好的可能狂奔。所以品牌最应该花精力去做的一项工作，就是开启人们的美好感。现在大家知道了，与美好的事物发生关系，人们就会认为品牌是美好的。下面和大家分享三种在品牌经营中常用的开启人们美好感的方法。

强调就会变得美好

如果你走进一所学校，看见楼道的墙壁上贴着一些同学的

第三部分
瘾品就是自我刺激的开关

照片,但是照片周围没有任何的文字描述。这时你会怎么认为呢?大部分人都会认为这些是好学生。要不然怎么能被贴在这里呢?人们普遍认为,被挂在学校墙上的照片,一定是值得学习的榜样。学校是带有正面情感的场所,出现在这里的照片,都会带有正面的情感,这会让人们认为照片中的人是榜样。其实很多时候,只要在正面的情景中强调一个数字、一个形象、一个概念,就会给人们美好的感觉。人们就会认为它是美好的。

有一次我和一个同事在聊广告创意的时候,她说她只吃一种酱油,这和那种酱油做的广告有关。其广告语是这样写的:某某酱油晒够180天,有图有真相。旁边配了一张航拍的一大片水缸的画面。我就问她:"晒够180天是好还是坏呢?"她说:"当然是好了。"我又问她:"为什么好呢?"她张着嘴什么也说不出来,最后来了一句:"反正就是好。"我又问:"为什么要晒够180天呢?是哪个环节要晒够180天呢?是成品还是半成品呢?……"我一连问了好几个问题。她说:"我真的不知道。"我说:"那你为什么认为它好呢?"她自己也很纳闷地说:"对啊!真晕!我为什么喜欢它呢?"

其实,她之所以认为好,是因为广告中强调了一个数字——180天。人们会自然地认为一种酱油需要酿造这么长时间,一定就是好的,而不是真的懂这180天背后的酿造工艺。对人们来说，美好很多时候是在正面情景中强调的结果。人们普遍认为，广告宣传的一定是产品的优点，所以广告成了一个正面的信息载体，人们自然也会把 180 天这个数字认为是正面的。人们会把被强调的事物与美好等同起来。

易获得就会变得美好

你知道为什么口碑传播那么容易影响人们的消费行为吗？就比如，在你还没有接触过苹果的产品时，听朋友说苹果的系统很好用，你很可能会因此喜欢上苹果的产品。你现在可以回想一下，自己有多少物品是在别人的介绍下决定购买的，而根本不需要任何确凿的证据。很多，对不对？

这其中一个很重要的原因，就是这些道听途说的故事非常生动形象，而且富有细节。这符合前面提到的大脑的想象模式。生动形象的描述，容易让大脑将这些信息翻译成自己理解的信息。同时，大脑会让容易获得的信息带有鲜明的情感，鲜明的情感会让大脑感受到美好。

诺贝尔经济学奖得主丹尼尔·卡尼曼和阿莫斯·特沃斯基研究发现，人们会对某些类型的信息过度重视，这种现象被称作"可获得性启发式"。可获得性启发式是指人们的判断推理过程，常常受到可获得的记忆的影响，倾向于认为容易想起的事情比不

第三部分
瘾品就是自我刺激的开关

容易想起的事情更常见,更容易让人们有感觉。也就是说,越是熟悉的、容易想起的、显著的、亲身经历的、生动形象的、鲜活的图片或例子等信息,大脑就越容易翻译。越容易翻译就越容易理解,越容易理解就越容易接受,越容易接受对人们的影响就越大。就比如"可口可乐每年销量 20 亿瓶",与"可口可乐每年销量 20 亿瓶,如果这些瓶子立着一字排开,可以绕地球 10 圈"这两种说法,哪种更容易让你感受深刻?当然是后者,因为它容易获得。关于信息如何让大脑"易于获得",我在《锁脑》这本书中花了很大的篇幅去阐述,大家感兴趣的话可以深入阅读。

重复就会变得美好

公司的同事曾经分享过这样一段经历。她生完孩子后不久,有很多推销电话打给她,向她推销婴儿百天照。起初呢,她根本就没有拍写真的打算,感觉这些骚扰电话很烦人。后来打电话的人越来越多,她几乎每天都能接到几个同样的推销电话。后来她的态度慢慢发生了改变。她接的电话多了,反而没有之前那么讨厌这些推销电话了。她开始想,是不是自己应该给孩子拍个百天照呢?接触得多了,反而让她对这件事情产生了好感,让她想要去做这件事情。于是她开始筹划给自己的孩子也拍一组百天照。这就是经过重复接触后,对一件事情的感觉从反感到好感的转变。

成瘾
如何设计让人上瘾的产品、品牌和观念

著名心理学家罗伯特·扎伊翁茨,曾专注于研究重复某种刺激和这一刺激最终带来的轻微情感波动之间的关系。他发现了个体接触一个刺激的次数越频繁,对该刺激就越喜欢的现象,这就是曝光效应。他通过对单词、人脸、任意形状的系列实验,证实了这一发现——人们越熟悉一个事物就会对其越有好感,这就是人们常说的日久生情。

曝光效应更为神奇和有意思的是,即便是单词或者图片从你眼前快速闪过,快到你没有意识到见过它,你还是会喜欢重复率高的图片和单词。这说明曝光效应并不依赖对熟悉程度有意识的体验。而且实际上,当人们完全没有意识到自己看见了刺激物时,曝光效应反而会更强。也就是说,曝光效应完全脱离了意识而存在。

大家不免会问,为什么会有曝光效应存在呢?罗伯特·扎伊翁茨认为,只要不断重复接触,就能增强喜欢程度的心理现象,是一种生理本能。人想要在一个不确定的环境中生存,个体就需要对新奇事物谨慎回应,以避免受到伤害。曝光效应是因为刺激物重复地出现,而并没有对人们产生危害,使人们放下了心中警惕。这样一来刺激就成了一个安全的信号,而安全就是友好的表现,所以人们开始喜欢。其实,广告最大作用就是重复的作用。

第十章
开关之间是不停地想要

1. 开关之间在制造冲突

自我情感开关一端是抗拒的意志，另一端是实现的意志。无论人们是试图按下抗拒的一端——抗拒不如意的自我，还是按下渴望的一端——试图去实现一个美好的自我，都引爆了人们内心的冲突——想要把"这"变成"那"，将"不是"变成"是"。当人们抗拒一个想法，和想要实现一个想法的时候，冲突就产生了。也就是在起心动念的一瞬间人们将这个世界撕裂开来，这个

成瘾
如何设计让人上瘾的产品、品牌和观念

世界从此对立起来,人们本不存在的那些需求也由此产生。

按下关闭(否定),或者按下开启(肯定),人们就想要得到

当你感觉自己用的手机不上档次的时候(否定),你就有了想要买个上档次的手机的冲动(肯定)。或者你没有否定,而是直接接受和认可了苹果手机是上档次的(肯定),这时你便会非常渴望拥有一部苹果手机。其实你真的需要所谓的上档次的手机吗?

按下关闭(否定),或者按下开启(肯定),人们就想要变成

当你认为你的眼睛太小(否定),或者直接接受和认可了眼睛大才美的观念(肯定)时,你就有了买条围巾来让自己的眼睛显得更大的需求,就有了做双眼皮的冲动。其实你真的需要做个双眼皮吗?

按下关闭(否定),或者按下开启(肯定),人们就想要伪装和掩饰

当你感觉自己不能没有房子(否定),或者直接接受和认可了有房子才能体现你的价值的观念(肯定)时,如果你没有房

第三部分
瘾品就是自我刺激的开关

子,你就有了在朋友们面前伪装撒谎的冲动。你会告诉他们你正在买房子,或者已经买了房子等。其实你有没有房子与别人真的有关系吗?

那些给予上面这些问题肯定答案的人,是因为他们身边的大部分人都这样认为和这样想。当大部分人这样认为的时候就让这种需求变得真实存在,因为人们用这些标准评判彼此和对待彼此。正是大部分人的这种想法制造了这些并不存在的需求,导致大部分人认为自己真的需要个高档手机,需要做个双眼皮,需要向别人隐瞒自己没买房子的事实。

启动自我情感开关制造了人们内心的冲突,心理冲突促使人们产生某种有指向性的需求。这种有指向性的需求使自己与自我对立起来,将自我与他人对立起来。

品牌中制造了自己与自我的对立

品牌告诉你用苹果手机是时尚的,如果你用的是其他品牌的手机,你就会感觉很没面子。这时你会开始抗拒自己,你的内心冲突就产生了。你就会变得不愿意在别人面前拿出自己的手机,就不能再安心地用自己的其他品牌的手机,而是要想方设法买一部苹果手机。在这种冲突的推动下,即便没有钱,你也会借钱或透支信用卡,来买苹果手机。只有这样,你心中的冲突才会平息，不然你会开始焦虑和自卑——不能接受真实的自己。因此，有些人为了买一部苹果手机，甚至宁愿花掉自己两三个月的生活费，握着苹果手机吃着泡面，摧残着自己的身体。

当一个品牌广告暗示，只有瘦成广告中的模特那样，才算健康漂亮的时候，你就会想变成模特那样。这时你就想要把不漂亮的自己，变成漂亮的自己。于是在不是和想要之间就有了心理冲突。你抗拒自己真实的样子，就会变得不自信，不爱见人。人越是执着于某种自认为美好的东西，就证明他越挣扎、纠结，越是不喜欢真实的自己。

品牌也制造了人与人的对立

品牌为什么要导入"时尚"的概念呢？不就是为了制造区别吗？不就是想将人与人区别开吗？不就是在强调某个人群的优越性吗？

"那帮克啦族她们那又细又高的高跟鞋，走在大理石地板上发出克啦、克啦、克啦、克啦的声音。她们认真的样子就像医治癌症的医生，她们把大量的精力和时间放在毫无意义、微不足道的小细节上……"这就是一个不看时尚杂志，不知道华伦天奴、圣罗兰之类的国际大品牌，不知道那些时尚名人，不穿高跟鞋的女孩，对那些从事时尚工作一族的不屑态度。

第三部分
瘾品就是自我刺激的开关

"她穿的是什么？她奶奶给她留下的裙子吧？""哦，这小可怜是谁啊，是来做化妆前后对比的模特？"这就是那些从事时尚工作的人，对一个穿着化纤制作而成的、老款的、臃肿的蓝毛衣的"灰姑娘"的不屑和匪夷所思。你可以想象一下，这样的两种人在一起工作会怎样呢？肯定会冲突不断。你挤对我，我排斥你的。

以上就是电影《穿普拉达的女王》中，刚入时尚圈的安迪和同事们彼此之间的敌对态度。"时尚"这个概念制造了人与人之间的对立和冲突。任何符号和概念，都能制造分别和对立。这就是这个商业社会在发挥的作用。这个世界是靠符号、形象、概念将人与人分别开来的。品牌在做的就是区别、分别，把你与自己区分开来，把你与他区别开来，把你们与他们区别开来。这种区别于他人的感觉来源于对品牌、产品和观念的持续消费。人们也是在这些符号和形象的保护下，有了与他人对抗的力量。

概念、符号、观念，都是在制造冲突——内在的冲突以及外在的冲突。内在的冲突就是自我斗争，自我纠结，自我挣扎。外在的冲突就是攀比、歧视、偏见、战争等。冲突意味着对某个模式的比较、模仿、适应、顺从。在是与不是之间，在抵制和渴望之间，是冲突的状态。

由于冲突是感觉和想法上的问题，所以人们始终被各种冲突困扰着。这导致自己的生活是混乱的，同时也制造了一个混乱的世界。自我情感的开关一旦启动，就会导致匮乏感时刻充斥着人们的内心。

2. 化解冲突的捷径——自我表达

自我制造了一个分裂的自己，也制造了一个分裂的世界，同时也制造了一个理想化的自我和世界，这一切都发生在思想里。冲突是自我分别、区分、分裂的结果。人们是不能长时间把自己置于冲突之中的，因为那样会让自己崩溃。于是就在此时——人们引爆冲突的当下，大脑找到了解决人们心中冲突的捷径——自我表达，让自己去演一个更像自我、和这个世界更融洽的自我。

自我表达是在掩饰自我不想成为的样子，展示自我渴望成为的样子。自我表达是否定了一种状态，肯定了一种状态。自我表达是试图借助一个符号、一种行为、一种信念、一种仪式、一个颜色、一个产品、一种生活习惯、一种形象、一种想法等，进入美好的、肯定的自我状态的一个环节。而自我情感开关控制着人们自我表达的欲望。

自我表达是告诉自己或者他人，我是什么样子，不是什么样

第三部分
瘾品就是自我刺激的开关

子,我以一种什么状态存在着。自我表达是展现自我认可的样子,掩饰、隐藏自我不认可、感到羞耻的样子。自我表达是把能展示的展示出来,能说的说出来,能带的带出来,把该藏的藏起来,该遮的遮起来。微博、微信、脸书(Facebook)这类功能的产品之所以能够成功,就是因为它满足了人们表达的欲望。在上面晒一晒秀一秀,自己吃的喝的、玩的用的,告诉别人或者是告诉自己,自己以一种什么样的方式存在着。有句话说得非常好,"记录夕阳证明记录者存在"。这都是在从强化自我中体验自我感。

自我表达在传达这样的信息:

我知道、我了解、我明白、我确定、是这样、是那样;

我也有、我和你一样、我和你不一样;

我是对的、我是好的;

我喜欢、不喜欢、什么好、什么不好、要什么、不要什么、相信什么、不相信什么、什么应该、什么不应该……

麦当劳的广告语"我就喜欢",就在表达一种自我的我行我素和无拘无束。在耐克的广告中,大家也会看到它在引导消费者借助品牌来表达自我。就比如:"我,不要一刻钟的名声,我要一种生活;我不愿成为摄像镜头中引人注目的焦点,我要一种事

成瘾
如何设计让人上瘾的产品、品牌和观念

业；我不想抓住我能拥有的，我想挑选最好的；我不想出售一个公司，我想创建一个……"这些心声开启了目标受众的自我情感开关，唤醒了人们自我表达的欲望。大品牌都有非常鲜明的主张和价值观。它们的广告传达出的信息，始终都在开启消费者的自我情感开关，刺激消费者表达自我。

好丽友有一条广告做得非常成功，广告语是"好丽友，有仁有朋友"。这个广告带有鲜明情感，开启了用户自我情感开关——独享无朋友，分享有朋友。人们内心都有表达对他人友好的意愿。这条广告激发了小朋友们的表达欲。广告播出后，小朋友们纷纷把好丽友当作联络小朋友情感的"神器"。只要有人愿意分享好丽友给你，就说明他把你当朋友了。于是好丽友就成了一个联络感情的工具。同时它也成了表达自己有好人缘的一种方式。

还有脑白金的广告——"孝敬爸妈就送脑白金"，这条广告，重复用了很多年。它就是抓住了人们表达的欲望，每个人都想表达自己孝顺的一面。这条广告一出，就给儿女们提供了一个表达情感的工具。脑白金成了传递这种感情的桥梁。爸妈们每天看电视，知道只要儿女拿着脑白金来了，就说明他们心中有父母、关心父母。中国人不太善于表达彼此之间的情感，但是有了这样的工具，就帮人们心照不宣地表达了自己羞于开口的情感。人们渴望表达自己是个善于交朋友的人，是个有朋友的人，是个孝敬老

人、爱老人的人。不管你是不是常常给小朋友取外号，也不管你是不是几个月也不给亲人打个电话，你都渴望与他们建立良好的联结。好丽友和脑白金让人们有了表达的工具，让人们可以借助它们与他人建立起良好的连接。好丽友和脑白金本身是什么并不是非常重要，它给人们提供的这种表达情感、联络情感的捷径才是最重要的。

品牌和产品其实就是一种证据，证明你是时尚的，证明你是友好的，证明你是孝顺的，证明你是爱他的，证明你是勇敢的，证明你消费得起，证明你是有能力的……总之，它是你表达情感的工具。

3. 感到用力，才会更有价值

人在不断地制造冲突，又通过表演的方式（自我表达）来消除冲突。整个过程好似在人们的大脑中兜圈子。好像人们是在自娱自乐。这究竟是为什么？为的还是感觉。

大家思考一下，逃离是谁在逃离？实现是谁在实现？表达又是谁在表达？当然是"我"。如果没有抗拒、没有渴望、没有表达，我们又是谁？抗拒、渴望、表达都表明有一个主体在用力，那就是"我"。冲突就是"我"用力的结果。冲突让人们感

成瘾
如何设计让人上瘾的产品、品牌和观念

觉真的有个自我存在。抗拒的时候，人们认为真的有个实实在在的对象需要逃离。而对自我实现的渴望，又让我们感觉真的有个实实在在的事情需要实现和完成。表达的时候，人们认为真的有个实实在在的对象需要展现。这些想法让人们认为真的有实在的"我"需要人们为之而努力。其实呢？都是人们的执念。

心理学家威廉·詹姆斯曾说过，自我的核心是感觉。一点也没错！的确是感觉。人们的自我感觉完全来自人们在抗拒、实现、表达时的用力感。按下自我情感开关抗拒的一端人们就在试图逃离，按下实现的一端人们就在试图变成和得到，这都是在用力。用力逃离制造了自我的自卑感、羞耻感、自责感、不安全感、无助感、迷失感、孤独感等负面的感觉。用力实现制造了掌控感、安全感、认同感、归属感、优越感、成就感、使命感、价值感、意义感、重要感等正面的自我感觉。人们只有在用力的时候才能体验到强烈的自我感。

人们不会过不用力的生活——没有抗拒、逃离、抵制、渴望、争取、努力、执着。人们要努力，人们要争取，要努力成为美好的自己，争取让自己变得更好。冲突意味着自我在用力保护、用力追求。自我感完全来自人们的思想斗争。冲突越强烈，自我感越强烈，冲突就是在强化自我。

第三部分
瘾品就是自我刺激的开关

品牌贩卖的就是人们的感觉。品牌和产品的价值完全来自人们对其的感觉。太容易得到的东西，人们会感觉不值钱。所以把产品的价格定得高一些，让人们在购买的时候感到一丝丝的吃力，人们会感觉产品更有价值。苹果公司的价格策略就抓住了人们的这种心理。它把产品的价格定得稍微高一点，让消费者在掏钱购买的时候，感到一点点的心痛和不舍得，费点力气拿到的东西，人们会更珍惜更看重，接下来人们也会对它投入更多的关照。这样它才能在人们的心目中占据更重要的地位，这有利于提升品牌的价值。

费点力气拿到的东西，会让人们陷入沉没成本的怪圈。沉没成本是指由于过去的决策已经发生了，而不能由现在或将来的任何决策改变的成本。简单地说，就是那些已经发生了的不可收回的支出，如时间、金钱、精力等均可称为"沉没成本"。就比如一件西服你是从商场里花几千元钱买到的，那么你会愿意多花钱来干洗或保养，而且穿在身上你也更珍惜，更怕弄脏了，总是小心翼翼的。而如果你是花了几百元钱从网上买回同一款西服，你则不愿意再为它投入。因为你在这件衣服上没有花太多钱和心思，所以脏了、坏了你也不会感觉太可惜。那件花了几千元的衣服，会使你投入更多。沉没成本会让你更愿意继续在这件衣服上投入金钱和精力。结果是你投入得越多，你就越是感觉它珍贵和重要。这也使得一个品牌变得有价值。

生活中沉没成本的陷阱是无处不在的。人们很容易就会陷入沉没成本的怪圈。如果你花了 30 分钟还没有等到公交车,你会认为都等了 30 分钟了,现在再去打车太可惜了,还是继续等下去吧,结果你上班迟到了。你花 50 元买了一张电影票,进去后看得你只想睡觉,结果为了不浪费这 50 元钱,你硬着头皮花了两个小时看完。这都是人们陷入了沉没成本怪圈的表现。

让人们费点力气,才能得到自己想要的东西,不但能够让人们更爱自己的选择,也会让人们体验到成就感,因而人们也更愿意为产品埋单。宜家在 20 世纪 50 年代刚刚推出蛋糕粉的时候,它卖得并不好。后来生产商就想了一个小办法,改变了一下制作工艺,结果蛋糕粉一下子就热销了起来。生产商就是抓住了消费者的用力效应。生产商改进了蛋糕粉的配方,没有直接把鸡蛋加在蛋糕粉里,而是让主妇们在制作蛋糕的时候,自己来加鸡蛋。自己加鸡蛋这个举动,体现了主妇的自由意志,同时也体现了主妇们在努力做一件事情,所以在产品中借助了一点点的用力效应,蛋糕粉就受到了主妇们的喜爱。

宜家在自己的经营中,也运用到了用力效应。在宜家的店里,顾客们需要根据自己的需要亲自动手挑选和组合家具。这样

第三部分
瘾品就是自我刺激的开关

既让顾客体验到,自己在按照自己的意愿做一件事情,同时用力的过程也让顾客很有成就感。心理学家迈克尔·诺顿通过实验也发现,与别人制作好的成品相比,人们对自己参与创作出来的东西评价更高,即使自己创作出来的东西很简单也比较粗糙。他把这种心理现象称作"宜家效应"。

让人们通过"适当"的努力,才能得到自己想得到东西,是非常重要的。当让用户刻意或者特意去做一件事情时,这件事情也会变得价值倍增。因为用力的过程体现了人们的自由意志,也让人们在参与中有掌控的感觉。用力让人们体验到自我感、成就感、价值感,同样也会体验到品牌的重要感和贵重感。总之,不用费力人们就无法体验到自我感。

4. 成为着力点,就是瘾品

冲突一旦产生,人们就否定掉了一直以来与自己和平相处的真实生活,而试图游向新的彼岸。这就像一个人掉进了水里,又没有抓住任何东西,在水里扑腾和挣扎的状态。这时候人们最需要什么?是不是着力点?凡是用力,就需要着力点。着力点是让人们抓住的救命稻草。品牌和产品就是人们释放心中冲突的着力点。

成瘾
如何设计让人上瘾的产品、品牌和观念

本书的开篇,提到老鼠电击的实验。研究者将一个电击开关与老鼠大脑成瘾脑区进行连接。老鼠按动开关就会向大脑中放电,电流的刺激可以让老鼠的大脑产生愉悦、幸福的感觉。这使得老鼠可以通过不停地按动开关来获得愉悦感。老鼠按压的获得快感的开关叫作自我刺激开关。打造瘾品就是把品牌和产品打造成用户用来自我刺激的开关。也就是说,产品要成为一个自我刺激的开关——着力点。

自我情感一旦附着在事物上,人们大脑中的自我情感开关就出现了。这时开关还只是存在于大脑中,大脑中对事物做了区别,产生了意志——渴望逃离和实现。瘾品就是将这种大脑中产生的情感和意志转嫁到品牌和产品中形成的。这样大脑中的自我情感开关才转变成为现实中的自我刺激开关。自我情感开关是人们在大脑中制造了一种感觉,而自我刺激开关是人们启动这种感觉的工具。

自我刺激开关(品牌或产品)是用户逃离(糟糕感觉)和获得(良好感觉)意志的承载物。用户重复消费和重复使用产品的行为就好似在按动这个自我刺激开关,来让大脑感受愉悦和美好。产品成为瘾品的根本转变是用户可以通过产品来自由、自主获得产品背后指向的美好感觉。自我刺激开关(产品)实现了与用户大脑中的美好感觉的连接,以及对美好感觉的操控。这样,

第三部分
瘾品就是自我刺激的开关

用户就可以随时随地通过按压这个开关,来让自我体验到良好的感觉了。

打造瘾品要做的大部分工作都是为了把用户想要的感觉指向品牌或产品,让人们认为品牌是自己获得解脱和救赎的工具,可以带自己到达心灵彼岸。星巴克成功在品牌中注入了抗拒枯燥乏味,实现愉悦美好的生活和工作状态的情感。这就使产品和品牌与某种感觉建立了关系。当人们感到枯燥乏味时,心理冲突产生了。这时人们便想借助喝星巴克咖啡,来使自我进入一种理想的状态。喝星巴克咖啡这一行为消除了用户心中的冲突,同时连接到了大脑中渴望的美好感觉。星巴克这时完全就是个自我刺激开关。它可以改变大脑中的感觉,让用户进入品牌为用户制造的另外一种状态——愉悦舒适的、不同于家庭和工作环境的美好状态。用户想要重复体验这种美好的感觉就可以重复地按压这个自我刺激开关。

在那些让用户依赖的品牌中,产品的确是带用户进入另一种状态的工具。耐克有一支广告就很好地体现了品牌的工具性。广告的文案是这样的:

用运动,总会赢;

用运动,赢到想要的;

成瘾
如何设计让人上瘾的产品、品牌和观念

用运动打成一片，也打出名堂；

用运动玩得开心，更玩出心跳；

用运动，要么给对手点颜色，要么给队友些回报，就算他们都说你做不到；

用运动证明，因为运动，绝不会看不起谁；

用运动，赶走无聊，交遍朋友，走遍世界，见到心中的神，创造出自己的奇迹；

用运动，不管为什么。因为运动，从不在乎理由。

用运动改变自己，改变一切，谁都可以。

无论你是谁，无论从哪里来，就算失败，再败，再失败，总会赢。

因为运动，永远不会说你不行！

看完这条广告你会直观地发现，运动居然有这么多的功能，可以帮自己实现这么多的愿望。既然如此，我们还有什么理由不投身到运动中去呢？那么运动的标配是什么呢？当然是运动鞋、运动服等。你总不能穿着西服、皮鞋去运动吧？那选择什么运动

第三部分
瘾品就是自我刺激的开关

装备呢？当然是耐克了。因为广告中运动的人们都身穿又酷又帅气的耐克运动服在运动，简直帅得一塌糊涂。这让人们感觉，如果自己运动的时候穿上耐克的运动服，不但能实现这么多的愿望，而且还能优雅帅气地实现这些愿望。这则广告把耐克与运动等同起来，让人们觉得运动就要选择耐克。广告暗示了耐克的产品具有让你成为美好的自己的工具性。耐克可以带你实现你的那些美好的愿望。耐克就是人们追逐梦想的着力点。用户想要感受到它背后所承载的美好感觉就按动这个开关吧——穿着耐克的运动服去运动吧。

品牌、产品只要成为自我刺激开关，接下来就可以通过一次又一次的消费和使用，来启动大脑中的美好感觉。这也是为什么苹果把 iPad 定义为一个与人们身体和情感连接的产品，而不再是一个科技产品。因为苹果明白，他们打造的是一个能够启动用户美好感觉的工具，只有这样用户才能对产品产生依赖。现在明白了吗？在品牌和产品中融入情感是为了种下一种美好的感觉。消费和使用品牌产品是为了重复激活这种感觉。大家一定要记住的是，一切都是为了一种感觉，一切都发生在大脑中，只是人们需要一些工具来启动大脑中的感觉，而打造瘾品就是打造启动大脑中美好感觉的工具。

5. 自我反馈——瘾品的终极目标

自我表达是借助一种形式和工具，启动大脑中自己想要的感觉。为了获得某种正面的感觉，人们疯狂地按动自我刺激开关来自我表达。自我表达是需要获得反馈的，在按动自我刺激开关后大脑中获得的反馈决定了品牌和产品是否蜕变成瘾品。大脑之所以能持续地追踪一个感觉目标是因为人们的某种行为之后及时地获得了感觉的反馈——体验到了想要的正面感觉。

自我反馈就是事物和行为在人们的大脑中形成了稳定的情感反应。打造瘾品的终极目标就是瘾品要在用户的大脑中形成自我反馈。品牌核心情感的塑造，就是要让核心情感深深地植入用户的大脑中，让用户与品牌建立一种稳定情感反应——品牌就等于某种感觉。当品牌在用户的心中形成稳定的感觉后，用户有意识或者无意识接收到品牌信息时，都会自动启动这种情感反应——感受到品牌所传达出的情感。这个过程是自动化，不再受事实左右的，甚至大脑会对事实进行扭曲来维护这种感觉。自我反馈模式最大的一个特点就是这种感觉可以完全成为脱离事实独立存在于大脑中的信念。大脑可以自动运作、维护、升级它。

你也许还感觉不到自我反馈是一种什么样的状态，来看看心理学的实验你就会明白了。心理学家把两份同样的牛奶，装在两

第三部分
瘾品就是自我刺激的开关

个不同的袋子里。一个是没有标识的袋子,一个是有麦当劳标识的袋子。然后他们拿给孩子们喝。孩子们普遍认为,从麦当劳袋子里拿出的牛奶更好喝。同样地,在另外一个实验中,从带有可口可乐标识的杯中喝到的可乐,会让人感觉味道更好、更棒等。这两个实验很好地验证了什么是自我反馈。自我反馈就是只要接收到与品牌相关的信息,大脑就会自动反馈一种美好的感觉,这种反应是自动的、机械的。就比如看到麦当劳和可口可乐的标志,大脑就会自动地感觉牛奶和可乐好喝。这与喝的是不是麦当劳的牛奶,或者是不是真的可口可乐没关系,因为带有品牌信息的线索会让大脑自动地反馈积极正面的情感——感觉良好。

自我反馈是情感成功注入的表现。相关的心理学家,做了一系列红酒的实验,证实了情感符号会影响人们对食物的评价。他们将一种红酒分装在不同的容器里,然后贴上"特级"与"餐酒"两种不同的标签,冒充不同档次的红酒。他们邀请一些品酒专家来品尝。你猜猜结果会怎样?这些专家能品出这些酒是同一种酒吗?结果有40个专家认为,贴有"特级"标签的红酒味道更好,有12个专家认为,贴有"餐酒"标签的酒更好喝。专家们可不只是说哪个好喝那么简单哦,他们可是有专业评价的。大家来听听他们是怎么说的。他们认为,标有"特级"标签的红酒层次丰富、味道适中、饱满全面,喝起来让人愉悦。这还是我第

成瘾
如何设计让人上瘾的产品、品牌和观念

一次听到有人用"饱满全面"这样的词来形容酒的味道。专家们认为标有"餐酒"标签的红酒喝起来口感差、余韵短、层次少、味道浅、有瑕疵感。之所以会出现这样的结果,是因为人们评价的并不是酒本身而是"特级"和"餐酒"这两个带有鲜明情感的符号本身。这是两个带有鲜明情感的词,前面提到过情感会启动人们对事物的意志,使得人们往好的方向理解被情感化的事物,也就是情感促使人们积极地反馈对事物的感受和理解。结果就是人们在喝贴有"特级"标签的酒时,不管酒的真正品质是怎样的,大脑只是对"特级"这个情感标签做出反应。这就是情感促进了自我反馈的实现。

还有一个实验与以上的这个实验相似,但是这个实验却抓住了人们大脑中的一些确凿证据,证实情感符号能够激活大脑中与自我相关的脑区,让人们感受到正面的感觉。研究者们为同一种红酒标上 10~90 美元不等的价格,然后让人们去品尝。研究者们通过对品酒者的大脑扫描发现,当人们在喝标价 90 美元的酒时,大脑的内侧前额叶皮层(自我脑区)被激活了,而喝标价 10 美元的酒时,并没有被激活。人们喝的是同一种酒,但是"90 美元"这样的信息,却激活了人们的大脑自我区域,这是因为人们知道"90 美元"代表着更好。贵就是好的情感认知,导致人们对喝 90 美元的酒有了美好感觉。

第三部分
瘾品就是自我刺激的开关

品牌的整个打造过程就是要完成大脑对品牌的自我反馈，让用户只要看到、接触到与瘾品相关的信息就感觉良好，不需要额外的回报和体验，奖赏就会在大脑中自动完成。这就像当你领着LV包上街的时候，你会感觉自己腰挺得更直了，走路都带风了，说话都底气足了。重要的是即便这个LV包是高仿版，人们也能从中获得良好感觉。这就是当你接触了LV包时大脑在自动做自我反馈，让你自我感觉良好。还比如你穿一件意大利名牌西服时大脑完成了自我反馈，你才会在穿的时候很小心，生怕弄脏等，这就是自我反馈的结果。

衡量一个品牌和产品是否为瘾品最有效的方法就是看它能否让用户产生自我反馈。其实每个成为瘾品的品牌和产品最终都必须完成这种模式的转变和构建。品牌的终极目标也是要让品牌和产品完成自我反馈。

6. 自我反馈——避免瘾力抵消

心理学家马克·列波尔、大卫·格林、理查德·尼斯贝特合作的作品《奖励的隐藏成本：人类动机心理新解》中曾提到他们做的一个实验。1973年，他们找了一个学前的美术班，观察这些孩子在课间自由活动时的状况。从其中挑选出一些在自由活动时间也在画画的孩子。他们愿意放弃玩的时间画画，这说明他们是真的喜欢画画。

然后，他们把这些孩子分为三组。他们告诉 A 组的孩子们，如果他们在接下来的自由活动时间继续画画，他们就可以得到一个小奖品作为奖励。他们没有对 B 组的孩子们做任何的交代，如果他们在游戏时间能够自动去画画，他们也会得到与 A 组的孩子们一样的奖品。对 C 组的孩子他们什么也没有做，即便他们在游戏时间去画画，也不会得到什么奖励。他们用了三天时间来观察孩子们的表现。活动结束两个星期后，研究人员又做了第二轮的跟踪调查。你感觉孩子的行为会有什么变化吗？下面大家一起看一下。

研究发现，B 和 C 组孩子的态度没有改变。他们在自由活动时间依旧会认真地画画。他们对画画的喜欢与先前一样。而 A 组孩子的行为却发生了很大的改变。A 组的孩子对画画的兴趣明显减弱了。确定可以得到奖励的孩子们为什么对喜欢的事情没有了兴趣呢？而那些不确定得到奖励或者得不到奖励的孩子为什么会依旧喜欢画画呢？

孩子们能够自觉、自动、自愿地去画画，是画画这一行为在他们大脑中形成了自我反馈模式——画画就等于美好感觉。这种

第三部分
瘾品就是自我刺激的开关

自我良好的感觉来自他们在画画时体验到的成就感、进步感以及优越感等正面的情感。这种自我良好的感觉促使他们想要继续画下去。这其中画画就等于自我良好的感觉。我好、我要变得更好的自我实现的意志，在驱动孩子们自觉自动地画下去。自我反馈模式形成后也就形成了自我驱动的状态——自觉自动画下去。

人们做任何事情都是有目的的，需要不断地得到反馈，才能继续去实现目标。如果人们的行为得不到及时反馈，人们会认为行为没有效果，目标不值得追求和没有价值，这样一来人们就会放弃实现目标。让人们持续地做一件事，必须及时得到反馈。自我反馈完美地实现了行为及时获得反馈——小朋友画画就会自我感觉良好，不需要额外的奖励。

而后来 A 组的小朋友画画可得到小奖品，这样的行为破坏了画画建立起来的自我反馈模式。小奖品让画画这一行为获得的良好感觉转移到了小奖品上。但是，小奖品是需要他人给予的，如果他人不给予奖励，画画这件事情的美好感觉就没有了。这个实验说明自我反馈模式可以通过一些手段破坏掉。这就是那些靠大量的补贴和铺天盖地的广告刺激而实现销量和用户增长的品牌很难得到长久发展的一个原因。补贴和广告刺激中具体的好处和优惠成了人们消费产品的感觉目标。时常降价和优惠是不能在用户的大脑中建立起品牌的自我反馈模式的。因为大脑指向了一个

成瘾
如何设计让人上瘾的产品、品牌和观念

高度依赖外在刺激获得的感觉目标,而不是可以通过大脑的自我意志就能获得的感觉目标。这样的外在刺激一消失,人们的行为就会消失。

不能形成或者破坏品牌形成自我反馈的第一种做法,就是在品牌营销的过程中情感发生了错误的转移。而高度依赖外在刺激形成的感觉目标,就是一种促使感觉目标发生转移的做法。看似企业是想通过打折让利来使用户得到实惠。但是,这很容易让用户把对品牌的情感转移到打折让利这样的行为上。这样的结果是流失掉大量的忠实用户。

另外一种破坏品牌自我反馈模式的做法是情感不一致。品牌化的整个过程都是品牌核心情感可视化、可操作、可感知的过程。这其中最重要的是围绕核心情感来展开。一旦情感化的过程脱离核心情感,品牌的行为之间将会产生相互抵消的作用。品牌在延伸扩张的过程中,某些行为和品牌的核心情感相悖,会扰乱用户对品牌的稳定感觉。在 10 年前,一次不经意的发现,就让我意识到三星手机再这样发展下去恐怕会失去中国的手机市场。有一天,我和一个朋友聊天,聊天的时候她拿出一部新手机。手机设计得比较时尚,很好看。我就问她这是什么牌子的手机,她说是三星的。我说这个手机一定很贵吧,她说才八九百元。这让我很惊讶。让我惊讶的有两方面:第一,这么漂亮的手机才卖几

第三部分
瘾品就是自我刺激的开关

百元，应该卖两三千元才对；第二，三星手机一直以来在人们心中都是个高端品牌，它居然还生产几百元的手机。这样的产品策略会使用户对其形成一种负面的品牌印象。当你付出了3 000元买了一部三星的手机，别人会认为你用的是几百元或者一千多元的手机。这就是高端品牌做低端产品的一个弊端——扰乱了品牌在用户心中的品牌感觉。这样的结果是品牌在用户心中形成一种自相矛盾、分裂的形象。这会大大削弱三星高端品牌的品牌效应。这也是苹果手机只出 iPhone 一个系列手机的原因。

小米之所以能快速地崛起，受到广大用户的喜欢，其中最重要的是它是个带有鲜明情感的品牌。很多人拿它与苹果比较，但是雷军曾强调小米的对标品牌不是苹果，而是优衣库。它要打造的是物美价廉，但是又科技、时尚的品牌。小米是个将性价比做到极致的品牌。就像雷军说的那样，"我就是要做出感动人心，但是价格公道的产品"。小米整个品牌的情感构建就是在打造一种廉价的、实惠的、科技的、时尚的品质感十足的品牌。小米一直遵循这样的品牌发展原则。但是，最近公司在推出小米9的时候，在定价上犹豫再三——很想把价格定得高一点。小米之所以犹豫再三就是怕失去广大的用户。最终它还是把价格定在2 999元。雷军在小米9的发布会上说，小米在未来会推出高端手机。这恐怕是在释放一种危险的信号，小米可能要涨价。如果小米在未来将价格定为 3 999 元，小米品牌发展的原则"物美价廉"恐怕就会被动摇。如果将价格定为 4 999 元的话，那么小米恐怕就会失去大量的追随用户。因为它违背了用户选择它的初衷。这就是品牌发展过程中的一些行为与品牌的核心情感不一致可能导致的失败。

做品牌一定要有所为有所不为，不能见钱眼开，在不破坏核心情感的基础上可以做适当扩张和延伸，但是不能盲目扩张。

7. 自我反馈——瘾品是一种高于自我的存在

品牌成瘾后，会出现一个现象，这个现象也是品牌成瘾的终极目标，那就是品牌高于自我。笔者公司的一个同事，特别喜欢某品牌的鞋。她对鞋的呵护，完全超越了对她自己。她坐地铁时会怕别人碰到她的鞋，万一碰到了她就感觉很心痛。下雨天，如果要她穿着名牌鞋走泥路，她会在楼门口犹豫半天。鞋上沾一点泥，她都会整天不高兴。她的包里时刻准备着纸巾，但是这些纸巾很多时候不是用来擦手的，而是用来擦鞋的。她把鞋看得比自己还要重要，很多时候是人服务于鞋，而不是鞋服务于人。

用户一旦对品牌成瘾，就会对品牌绝对忠诚。笔者在一个朋友身上看到了什么是真正的品牌忠诚。当苹果手机刚出第一款

第三部分
瘾品就是自我刺激的开关

的时候，他就买了一部，见到我的时候，他抱怨说太难用了，什么都找不到，还总死机。但是后来他一直都在用这个品牌，而且一直追着买最新款的 iPhone。另外，就是他用的笔记本电脑。他刚换了苹果笔记本电脑的时候，也是整天地唠叨。他说，没有 Windows 系统强大，连个好用的下载软件也没有。而且，网页上的广告没法屏蔽，用 Windows 系统，多少年没看那些乱七八糟的广告了，现在换了苹果电脑，一打开页面满眼的广告。另外，还有好多的软件都不兼容，用起来实在是不爽。但是抱怨完以后，他依然带着自己的苹果笔记本电脑出入各个咖啡厅。而且，即便出了一点小毛病，他也很愿意一遍一遍地往维修点跑。他连续买了三台笔记本电脑，都是苹果的。这就是品牌的魅力，你可以嫌弃它，但是你绝对离不开它。除非是品牌的一些行为深深地伤害到了用户，不然用户是非常愿意和品牌一起成长的，也愿意给品牌留出发展的空间。

自我反馈模式一旦建立，品牌在用户心中的容忍度就会增大。用户会容忍品牌犯错，但是前提是品牌要积极正面地面对自身的失误和错误。就比如三星 Note7 电池爆炸事件。用户不是不能容忍电池偶尔出现这样的状况，而是不能容忍品牌在处理这样的事件时遮遮掩掩、拖泥带水。所以，品牌在发生一些负面事件时，积极主动地承担责任，推出解决方案才是最最正确的策略，而不是试图推卸责任，害怕损失。用户不是不允许品牌犯错，而是不允许品牌没有担当。没有担当是品牌自断经脉自废功夫的自毁模式，这会彻底摧毁品牌在用户心中的形象。

品牌高于自我的这种目标一旦实现，还会出现另外一种现象，就是用户更容易怀疑自己，而不是品牌。比如你在用苹果的新手机时，发现其中有些操作环节不熟悉，这时你不会认为它的系统不人性化，而是认为自己对其不熟悉，会积极地花时间去适应品牌。又如用户喝到星巴克的咖啡感觉口感不好时，往往不会认为它的咖啡很难喝，而是会认为自己喝不惯这种口味。用户会花时间去慢慢适应品牌，而没有建立起自我反馈模式的咖啡品牌，用户感觉口感不好的时候，往往不会认为是自己的问题，而是认为这个品牌的咖啡是真的难喝。自我反馈模式一旦建立，瘾品在人们的心目中的地位就会变得高大，比他们自己还要高大和重要。用户会积极主动花精力和时间去适应品牌和保护品牌。

8. 打造瘾品必须铭记的原则

之所以将这部分内容放在本书的最后，是因为企业必须铭记打造瘾品的这条原则：你在打造的是一种感觉，而感觉存在一个重要的特性就是适应性，踩着用户感觉的步调前行才是唯一的生

第三部分
瘾品就是自我刺激的开关

路。这条原则包含两方面重要内容。

第一,无论你做什么,只要是给人做的,就是在打造一种感觉。你必须知道感觉的属性是怎样的,才能打造出满足用户感觉需求的品牌和产品。

第二,感觉是一个动态的事物、活的事物,打造感觉不存在一蹴而就的捷径。你必须踩着用户感觉的步调一步一个脚印地前行。你的步调一乱,你一偷懒,你一停止变化,用户就会离你而去。

一旦背离这条原则,品牌和产品的发展不但不会长久而且注定失败,品牌和产品的失败90%都是没遵循这条非常重要的商业定律导致的。

人们之所以喜欢依附于品牌,最根本的原因是品牌在不断变得更好,满足了自我追求更好的需求。追求变得更好,注定了人们是喜新厌旧的,所以千万不要认为消费者依赖的是品牌本身,而是他们自己大脑中的感觉。品牌要做的就是不断地刺激和唤起用户大脑中对某种感觉的渴望。品牌一旦失去"搅动"用户大脑中感觉的能力,品牌效应就会消失,用户就会离品牌而去。一些大品牌之所以会消失,就是因为它们在作茧自缚,不再以用户的感觉为核心,只顾及品牌自身利益和感觉。

成瘾
如何设计让人上瘾的产品、品牌和观念

美国柯达曾经是个非常成功的品牌，它曾研发出许多照相行业的核心产品。彩色胶片就是柯达的发明。但是当数字时代到来的时候，柯达没能适应这次变革，而被淘汰。最让人们感到惋惜的是，第一代数字相机就是柯达发明的，但是它不愿意为大众市场开发数字相机，害怕数字相机会冲击到它的传统胶片市场。这种掩耳盗铃的举动，令它损失惨重。柯达于2012年申请破产。

还有一个倒下的巨人——诺基亚。在诺基亚努力把手机越做越小的时候，苹果正在满足人们的更新需求——人们想要把自己的生活全部装进手机拿在手里。于是，苹果制造了大屏幕的智能手机。人们可以用它看视频、写日记、安装任何自己需要的应用软件，手机简直成了掌上电脑。当手机市场在悄悄发生改变的时候，诺基亚还在生产传统意义上的手机，这就是诺基亚没落的原因。

瘾品就是要不断调动用户对美好感觉的渴望，让其追着感觉奔跑。品牌要不断地推出更新换代产品、升级产品、新型产品，带给人们一浪接一浪的新鲜感和美好感觉。曾任职英特尔公司高级行销主管和副总裁的威廉·H.达维多认为，任何企业在本行业中必须不断更新和创新自己的产品。一家企业要想在市场上占据主导地位，就必须第一个开发出新一代产品，第一个推出创新产品。所以，要保持领先，就必须时刻否定并超越自己。即便有些品牌不是依赖创新赢得消费者的，那也是有着特殊原因的。比如星巴克，人们之所

第三部分
瘾品就是自我刺激的开关

以会对它产生依赖,是因为人们待在那里的时间是非常有限的。你不可能一天到晚待在那里,不可能一连喝几杯咖啡。有限度的体验,使人们对星巴克的感觉不至于厌烦。你可以不断地去体验那有限的愉悦感,这导致人们对它产生了依赖。

品牌和产品的推陈出新都是为了应对感觉的适应性。新产品用不了多久,用户就不能再从中体验到美好的感觉。所以,打造瘾品必须首先要了解感觉目标的三大模式:感觉良好,再来一次;就差一点,再来一次;可能更好,再来一次。这都是为了应对感觉的适应性。这种需要不断地从消费中获得正面感觉的现象,称作"享乐适应",也叫享乐理论。该理论指出,当环境的改变给人们带来快乐时,人们通常会很快习惯这种变化,恢复到平常的快乐程度。这意味着你对一部新的苹果手机的兴奋感,只能持续一阵子,然后很快就会对它视而不见和感到麻木。

最经典的享乐适应案例,来自于20世纪70年代对乐透中奖人的研究。研究发现,中奖的人在赢得奖金的一年后,并没有比没有中奖的人快乐很多,也没有比自己没有中奖时快乐更多。也就是说,中奖带给人们的快感是非常有限的,用不了多久,人们就会回到平常的状态。享乐适应解释了为什么重大的生活转变对人们的影响并不像想象中那么大(比如加薪、结婚、升职等),同样也解释了苹果手机为什么要不停地更新换代。因为它对人们

成瘾
如何设计让人上瘾的产品、品牌和观念

整体幸福感的提升作用是有限的。

早在20世纪70年代,心理学家菲利普·布里克曼和唐纳德·坎布尔,就把人们不断寻求新的愉悦感的过程,称作"享乐跑步机"。这就像人们在跑步机上跑步一样,无论在跑步机上跑得有多快,始终都到达不了任何地方。由于人们对快感具有适应性,所以无论一个人在品牌消费中获得了多强烈的快感,他对快乐的主观体验,都会随着时间的消逝而消逝。这就促使人们需要通过不断消费重新获得快感,永远无法停下来。

不但如此,人们对快乐的追求也会水涨船高。比如,你认为自己有了100万元就会满足就会快乐,但是当你拼尽全力挣到100万元后,用不了多久这100万元就不能再让你感到快乐了。这是因为你想要更多,想要500万元,1000万元。总之,人们的欲望是永无止境的。诺贝尔经济学奖得主丹尼尔·卡尼曼,就提出了"满足感跑步机"的概念,来形容人们水涨船高的欲望。他认为,人们不仅会适应特定的物品或体验,还会适应特定水平的满足感。所以,人们对快感的适应性,也是人们品牌成瘾的一个重要原因。新产品不断地推出,用户就会不断地买。

瘾品的核心是自我,自我的核心是自我感觉,自我要的是再来一次和更进一步的感觉,以及逃离和追逐的感觉。感觉是一个

第三部分
瘾品就是自我刺激的开关

转瞬即逝的东西。在很多时候,感觉一旦与现实相遇,就会灰飞烟灭。自我一旦与现实接触,就会变成新的意愿和意志。

自我要的感觉,永远不是当下的东西。当下没有完美、没有更好、没有可能,这些都在时间里,在未来。自我存在于时间里、思想里,永远在下一个目标中。自我是一个永远也无法触及的东西,它永远要更进一步,更完善、更好、更高。自我永远都在寻求新的替代品。存在主义大师让-保罗·萨特,就曾经说过:"自我总是存在于未来当中,它是我们试图把自己变成某种东西时的目标所在。但这就意味着,只要我们活着,自我就不存在——至少是没有固定的、完成了的自我。自我是一个悬而未决的问题。"自我就是没有实现、没有完善、没有如愿、没有圆满的我。

自我的特性决定了人们大部分时候都是失败的、失望的。到达目标之前是错、错、错……一连串的错。这就导致人们一旦追求自我就会上瘾。自我是这个世界上最强的瘾品,一旦开始,就会依赖到死。大部分人都会追着它跑进坟墓。这也意味着,人们一旦对一个品牌上瘾,就需要被这个品牌带着不停地奔跑。人们从品牌中体验到的快感,完全来自对品牌的追逐。